Eine Forschungsreise durch das Buch

1. Im **Inhaltsverzeichnis** steht, auf welchen Seiten die Texte im Lesebuch zu finden sind. Schlage es auf.

   Wie viele Kapitel gibt es? Welches Kapitel findest du besonders interessant?

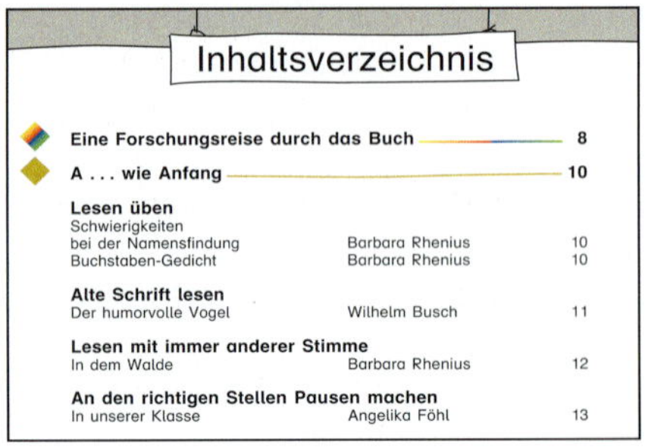

Inhaltsverzeichnis

2. Auf welcher Seite beginnt das Kapitel **Miteinander leben**? Schau im Inhaltsverzeichnis nach und schlage das Kapitel auf.

   Dieses Bild gehört zu einer Geschichte. Auf welcher Seite findest du sie? Wie heißt die Geschichte?

3. Suche das Kapitel **Tiere**. Blättere es durch.

   Auf welchen Seiten steht die Geschichte von Taro? Wie heißt das Kinderbuch, das dort vorgestellt wird?

4. Aus welchem Kapitel könnte dieses Bild stammen?

   Schau im Inhaltsverzeichnis nach und schlage das Kapitel auf.

   Um welche Themen geht es in dem Kapitel? Auf welcher Seite sind Geistesblitze des letzten Jahrhunderts aufgeführt?

5. Suche das Kapitel **Bücher, Medien**.

   Wie heißt der Autor, dessen Bücher hier vorgestellt werden? Von welchem seiner Bücher sind Bilder aus Filmen zu sehen?

6 In dem Kapitel **Jahreszeiten, Feste und Feiern** findest du Gedichte, Geschichten und Informationen zu den vier Jahreszeiten und verschiedenen Festen.

Auf welcher Seite findest du einen Rap?
Um welches Thema geht es dabei?

7 Wie du mit verschiedenen Texten arbeiten kannst, zeigen dir besondere Kapitel: die **Werkstätten**. Sie sind auf farbigem Papier gedruckt.

Wie viele Werkstätten findest du im Inhaltsverzeichnis?
Wie heißen die Werkstätten?
Welche Werkstatt interessiert dich besonders?

8 Welche Seiten gehören zur **Geschichten-Werkstatt**?

Auf welcher Seite werden Fabeln genauer erklärt?
Welche Fabeln von Äsop findest du?
Welche Fabel handelt von einem Zicklein und einem Wolf?

9 Das **Verzeichnis der Autorinnen und Autoren** befindet sich auf den Seiten 186 bis 191. Das sind die Personen, die die Texte im Lesebuch geschrieben haben. Die Nachnamen sind nach dem Alphabet sortiert.

Suche die Autorin Sigrid Zeevaert.
Wie viele Texte von ihr sind im Lesebuch?

10 Stelle eigene Suchaufgaben zusammen.
Schicke ein anderes Kind auf Forschungsreise.

A . . . wie Anfang

Lesen üben

Schwierigkeiten bei der Namensfindung

Barbara Rhenius

Herr **Schildkröt** und Frau **Kabeljau**,
die kriegten einen Sohn.
Im Wasserbett sagt gleich die Frau:
„Den Namen hab' ich schon!
Das Kind ist lustig, kräftig, wild.
Es heißt **Jaukabelkrötenschild**."
Der Mann sagt: „Nein, der wird mal schlau!
Er heißt **Schildkabelkrötenjau**."
Die Frau sagt: „Mann, das find' ich blöd!
Dann lieber **Jauschildkabelkröt**!"
Er sagt: „Er hat sooo'n süßen Nabel!
Da passt doch: **Schildjaukrötenkabel**."

Sie sah'n dem Kleinen ins Gesicht.
Doch einig wurden sie sich nicht.

Buchstaben-Gedicht

Barbara Rhenius

Ich *BE I En* die letzte Nacht
plötz *EL I CE HA* aufgewacht.
I CE HA liege schwitzend da
und hör' den *KA ER A CE HA* .
Der *KA O PE EF* tut mir weh
vor großer *A EN GE ES TE* ,
Ist das ein *GE E I ES TE*
oder eine *EF E E* ?
Ich stellte *A BE E ER* fest:
Dort war *EN I CE HA TE ES* .
Es war, wie *I CE HA* erkenn' ,
ein böser *TE ER A U EM* .

Artikuliert sprechen

→ Das dicke Ei, Seite 142:
Gedichte
→ Gedichte-Werkstatt, Seite 160, 169:
Mein Monster/Nächtlicher Besuch

Alte Schrift lesen

Der humorvolle Vogel

Wilhelm Busch

Es ſitzt ein Vogel auf dem Leim[1],
Er flattert ſehr und kann nicht heim.
Ein ſchwarzer Kater ſchleicht herzu,
Die Krallen ſcharf, die Augen gluh[2].
Am Baum hinauf und immer höher
Kommt er dem armen Vogel näher.

Der Vogel denkt: Wie das ſo iſt
Und weil mich doch der Kater friſſt,
So will ich keine Zeit verlieren,
Will noch ein wenig quinquilieren[3]
Und luſtig pfeifen wie zuvor.
Der Vogel ſcheint mir, hat Humor.

1. Dieses Gedicht ist in einer alten Schrift abgedruckt. Lest das Gedicht reihum.

2. Schreibe eine Strophe in deiner Schrift ab.

[1] Leim: Klebstoff, mit dem man vor allem Holz und Papier klebt.
Früher jagte man Vögel mit Leimruten, um sie zu fangen.
[2] gluh: glühen
[3] quinquilieren: lautmalerisch, anderes Wort für zwitschern

→ Jahreszeiten, Feste und Feiern, Seite 98: Die vier Brüder
→ Gedichte-Werkstatt, Seite 159: auf dem land

Lesen mit immer anderer Stimme

In dem Walde

Barbara Rhenius

In dem Walde auf der Wiese
haust ein großer, wilder Riese.
In dem Waldus auf der Wiesus
haust ein großus, wildus Riesus.
In dem Waldlein auf der Wieslein
haust ein großlein, wildlein Rieslein.
In dem Waldum auf der Wiesum
haust ein großum, wildum Riesum.
In dem Waldoli auf der Wiesoli
haust ein großoli, wildoli Riesoli.
In dem Waldesten auf der Wiesesten
haust ein großesten, wildesten Riesesten.
In dem Waldig auf der Wiesig
haust ein großig, wildig Riesig.
In dem Waldung auf der Wiesung
haust ein großung, wildung Riesung.
In dem Waldau auf der Wiesau
haust ein großau, wildau Riesau.
In dem Waldlatsch auf der Wieslatsch
haust ein großlatsch, wildlatsch Rieslatsch.
In dem Walde auf der Wiese
haust ein großer, wilder Riese.

1. Lest die einzelnen Verse reihum.
   Gebt eurer Stimme immer einen etwas anderen Klang:
   laut, leise, flüsternd, geheimnisvoll, schreiend, ängstlich,
   angeberisch, weinerlich, lachend, müde, . . .

2. Spaß macht es auch, das Gedicht einmal
   im Sprechchor zu lesen.

Artikuliert sprechen

→ Ich und die anderen, Seite 53:
Meine Schwester und ich/Sieben Seelen
→ Gedichte-Werkstatt, Seite 168:
Der Zipferlake

An den richtigen Stellen Pausen machen

In unserer Klasse

Angelika Föhl

In unserer Klasse ist es nicht
leise der Tilo kaut verbotener-
weise Pauline lacht sehr häufig
schrill der Frieder hockt
eher still Sabine liest meistens
unter der Bank Lisa und Erkan
sind öfter mal krank der Otto
meldet sich gern Susi
träumt lieber von einem
fernen Stern Fritz und Toni
spielen Schiffe versenken Marlon
versucht alle abzulenken Timo
wackelt gerne mit dem Tisch Franz
mischt seine Karten frisch die Lehrer
finden es oft nicht gut was
sich in unserer Klasse tut.

1. Lest den Text erst einmal Zeile für Zeile.

2. Macht beim zweiten Vorlesen dort Lesepausen, wo sie hingehören.
Dann merkt ihr, dass dieser Text gereimt ist.

3. Schreibe den Text so ab, dass die Reimwörter am Ende jeder Zeile stehen.
Setze dabei Punkte und Kommas ein.

→ Miteinander leben, Seite 30/31:
Schule in Ecuador

Richtig betonen

Von Kaninchen, Katzen und anderen Tieren

Angela Mertens

Ich habe mein Kaninchen gemalt.	Und ich habe meine <u>Katze</u> gemalt.
Ich habe meine Katze gezeichnet.	Und ich habe meine Katze <u>gemalt</u>.
Ich habe eine fremde Katze gemalt.	Und ich habe <u>meine</u> Katze gemalt.

Meine Katze hat einen weißen Punkt auf der Nase.	Und meine Katze hat einen weißen Punkt auf der Stirn.
Meine Katze hat einen schwarzen Punkt auf der Stirn.	Und meine Katze hat einen weißen Punkt auf der Stirn.
Meine Katze hat einen weißen Streifen auf der Stirn.	Und meine Katze hat einen weißen Punkt auf der Stirn.

Ich habe einen blauen Wellensittich, der kann singen.	Und ich habe einen gelben Wellensittich, der kann singen.
Ich habe einen gelben Wellensittich, der kann nicht singen.	Und ich habe einen gelben Wellensittich, der kann singen.
Ich habe einen gelben Kanarienvogel, der kann singen.	Und ich habe einen gelben Wellensittich, der kann singen.

1. Ein Kind liest den Satz links, das andere antwortet immer mit dem Satz rechts. Achtet darauf:
   Die rechten Sätze in jedem Abschnitt sehen immer gleich aus; sie werden aber immer etwas anders betont.
   Ihr könnt auch eine Folie über den Text legen und die betonten Wörter unterstreichen.

2. Tauscht beim zweiten Lesen die Rollen.

Lesen mit verteilten Rollen

Streit in der Zeichenstunde

Barbara Rhenius

A: Was hast du denn da gemalt?
B: . . .
A: Ich kann das nicht erkennen.
B: . . .
A: Jetzt kann ich es erkennen. Das ist ein Zebra.
B: . . .
A: Ein Pferd soll das sein? Das hat ja Streifen!
B: . . .
A: Einen Tiger.
B: . . .
A: Mein Tiger hat nun mal Punkte!
B: . . .
A: Immer willst du alles besser wissen!
B: . . .
A: Wenn du mich ärgerst,
lasse ich meinen Tiger auf dein Zebra los!
B: . . .
A: Meinetwegen auf dein Pferd!
B: . . .
A: Richtig. Und darunter steht:
Tödlicher Unfall beim Zeichnen.

1 Suche dir ein anderes Kind, mit dem du diesen Text liest. Deine Rolle steht auf dieser Seite. Du fängst an zu lesen. Dann antwortet das andere Kind mit einem Satz auf der Rückseite. Du musst gut zuhören und immer abwarten, bis das andere Kind zu Ende gesprochen hat. Dann liest du wieder.

→ A . . . wie Anfang, Seite 16: Streit in der Zeichenstunde
→ Miteinander leben, Seite 27–29: Pascal wünscht sich was

Lesen mit verteilten Rollen

Streit in der Zeichenstunde

Barbara Rhenius

A: . . .
B: Das erkennt doch jeder!
A: . . .
B: Na, guck doch richtig hin!
A: . . .
B: Mensch, bist du blöd! Das ist ein Pferd!
A: . . .
B: Mein Pferd hat eben Streifen. – Und was hast du gemalt?

A: . . .
B: Und was sollen die Punkte da?
Tiger haben doch Streifen und keine Punkte.

A: . . .
B: Dann ist es ein Leopard und kein Tiger!
A: . . .
B: Dass Tiger Streifen haben, das weiß doch jeder!
A: . . .
B: Auf mein Pferd, meinst du.
A: . . .
B: Und dann steht morgen in der Zeitung:
Gepunkteter Tiger beißt gestreiftes Pferd.
A: . . .

1 Suche dir ein anderes Kind, mit dem du diesen Text liest.
Deine Rolle steht auf dieser Seite.
Das andere Kind fängt auf der Vorderseite an zu lesen.
Dann antwortest du mit deinem Satz.
Du musst gut zuhören und immer abwarten,
bis das andere Kind zu Ende gesprochen hat.
Dann liest du wieder.

Wirkungen der
Redeweise kennen

→ A . . . wie Anfang, Seite 15:
Streit in der Zeichenstunde
→ Miteinander leben, Seite 27–29:
Pascal wünscht sich was

Vorlesen mit richtiger Betonung

Katze bleibt Katze

Unbekannter chinesischer Autor

Dschi-Yen | hatte eine prachtvolle Katze bekommen. || Er wollte dem Tier einen ganz besonderen Namen geben. || „Ich möchte sie ‚Tiger' nennen", | sagte er zu seinem Freund. || „Ein Tiger", | meinte dieser, | „ist zwar ein mächtiges Tier, | aber gewaltiger ist ein Drache. || Nennen wir sie lieber ‚Drache'!" || „Gewiss, | der Drache ist mächtiger als der Tiger, | und er kann auch fliegen", | sagte ein anderer. || „Doch Wolken | können noch schneller fliegen. || Du musst das Tier also ‚Wolke' nennen!" || „Wolken | können den Himmel bedecken", | sagte ein Dritter. || „Aber ein plötzlicher Sturm | kann sie auch wieder verteilen. || Nenne sie also lieber ‚Sturm'!" || „Stärker als ein Sturm | ist eine Mauer", | rief ein anderer. || „Deswegen sollte sie ‚Mauer' heißen!" || „Hört!", | rief ein anderer. | „Zugegeben, | eine Mauer ist stark. | Ihr habt aber die Mäuse vergessen, | die Mauern unterhöhlen!", | sagte wieder ein anderer. „Und dann stürzt eine Mauer ein! || Deswegen musst du sie ‚Maus' nennen!" ||

Da begann der Hausherr herzlich zu lachen. „Die Maus", rief er aus, „wird doch von der Katze gefressen! Da kann ich ihr ja gleich den Namen ‚Katze' lassen!"

1. Lies den Text halblaut für dich.

2. Lest euch jetzt den Text gegenseitig vor. Betont dabei die unterstrichenen Wörter. Macht eine kleinere Pause, wo ein Strich steht (|), und eine etwas größere, wo zwei Striche (||) stehen.

3. Schreibe den letzten Abschnitt ab. Unterstreiche die Wörter, die du betonen musst.

→ Jahreszeiten, Feste und Feiern, Seite 110: Der Herbst
→ Gedichte-Werkstatt, Seite 167: Ein Gedicht vortragen

Wörter erraten

Kleine Gruselei

Adelheid Böttger

Ich bin zehn alt. Zum habe ich
ein neues bekommen.
Gestern habe ich die erste damit gemacht.
Dauernd schaltete ich die verschiedenen ein.
Da fielen die ersten !
Ich verließ die und fuhr in den .
Die hohen standen dicht beieinander
und ließen den nicht durch.
So wurde mein nicht nass.
Plötzlich entdeckte ich ein unbewohntes .
Ich stellte mein ab und öffnete die .
Unten war alles leer und gammelig.
Eine führte nach oben.
Ich stieg die ausgetretenen hinauf.
Oben sah es nicht besser aus. Nur ein hoher stand
noch da. Seine beiden waren nur angelehnt.
Mit einem Mal öffneten sich die knarrend.
Erschrocken hielt ich mir die zu. So konnte ich nicht
sehen, was da die hinunterflitzte.
Ob denn mein weg war?
Ich schaute aus dem nach draußen.
Mein war noch da!
Und zwischen den hohen
verschwand gerade
eine schwarz-weiße
und miaute.

1 Setzt beim Lesen die passenden Wörter ein.

Genau lesen und vergleichen

Abschreiben

In der Deutschstunde haben die Kinder gemeinsam eine Zusammenfassung geschrieben. Nun steht sie an der Wandtafel, und alle Kinder tragen sie in ihr Heft ein. Die Lehrerin geht durch das Klassenzimmer und beobachtet die Schülerinnen und Schüler. Sie achtet darauf, dass alle Kinder ordentlich schreiben. Plötzlich fällt ihr Julia auf, die immer schneller und schneller schreibt. „Warum schreibst du denn so schnell?“, fragt die Lehrerin. „Die Patrone in meinem Füller ist gleich leer, da muss ich mich beeilen“, antwortet Julia.

Abschreiben

In der Deutschstunde haben die Kinder gemeinsam einen Sachtext geschrieben. Nun steht er an der Wandtafel, und alle Kinder tragen ihn in ihr Heft ein. Die Lehrerin geht durch die Bankreihen und beobachtet die Schülerinnen und Schüler. Sie achtet darauf, dass alle Kinder ordentlich schreiben. Auf einmal fällt ihr Julia auf, die immer schneller und schneller schreibt. „Warum schreibst du denn so rasch?“, fragt die Lehrerin. „Die Tinte in meinem Füller ist bald leer, da muss ich mich beeilen“, antwortet Julia.

1. Lies dir die beiden Texte ganz genau durch. Sie unterscheiden sich an acht Stellen. Wo?

Zweimal ganz genau lesen

Lena traut sich was

Barbara Rhenius

Lena weiß nicht, was sie zur Geburtstagsparty von Cario anziehen soll. Sie probiert das pinkfarbene T-Shirt und stellt sich vor den Spiegel. Dann zieht sie den roten Pulli mit den blauen Streifen an. Dann das gelbe Hemd mit den schwarzen Sternen drauf. Sie bindet sich noch ein knallgrünes Halstuch um. Grün und gelb – unmöglich! Zum Schluss zieht sie sich eine blitzweiße Bluse an. Darin sieht sie aber viel zu brav aus! Nichts gefällt ihr so richtig. Sie denkt: Man müsste sich mal was trauen! Und das tut sie dann auch. Sie legt alles wieder ordentlich in den Schrank: den Pulli, die Bluse und auch das Hemd. Dann zieht sie sich noch einmal um und lacht sich im Spiegel zu. Sie findet sich richtig mutig. – Was hat sie wohl angezogen?

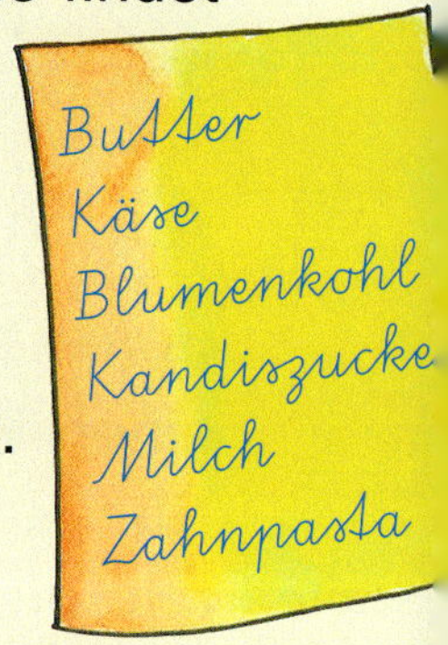

Der Einkaufszettel

Barbara Rhenius

Niklas schiebt den Einkaufswagen durch den Supermarkt. Seine Mutter hat ihm einen Einkaufszettel mitgegeben. Zuerst stellt Niklas eine Flasche Milch in den Wagen. Dann geht er zum Käsestand und lässt sich einen Harzer Käse geben. Die Butter nimmt er auch gleich mit. Am Gemüsestand holt er den Blumenkohl. Dann geht er auf die Suche nach dem Kandiszucker. Er sieht Puderzucker und Würfelzucker und daneben die Schokoladen. Eine Tafel Schokolade könnte er auch mitnehmen! Dann wirft er noch die Zahnpasta in seinen Wagen. Als er nach Hause kommt, ist die Mutter ein bisschen sauer. „Kannst du nicht richtig lesen? Und was soll denn *das* da?", schimpft sie. – Was hat Niklas eigentlich falsch gemacht?

1 Lies die beiden Texte aufmerksam durch.
Beim zweiten Lesen wirst du sicher die Fragen am Schluss beantworten können.

→ Das dicke Ei, Seite 140: Rätselgeschichte

Fragen zu einem Sachtext beantworten

Die letzten Drachen: Komodo-Warane

Auf der Insel Komodo in Indonesien existieren noch die letzten frei lebenden „Drachen“ unserer Erde, die Komodo-Warane. Die größten dieser Riesenechsen sind über drei Meter lang. Wenn sie hungrig sind, wiegen die Tiere gut 130 Kilo, wenn sie sich satt gefressen haben, sogar über 200 Kilo. Wie alt so ein Waran in freier Natur werden kann, ist nicht bekannt. Die Lebenserwartung wird auf bis zu 100 Jahre geschätzt. Die Weibchen legen 20 bis 30 Eier. Die ausgeschlüpften Jungen sorgen von ihrem ersten Lebenstag an für sich selbst. Ein Komodo-Waran jagt tagsüber Wildschweine und Ziegen; gelegentlich überwältigt er sogar Hirsche und Wasserbüffel. Er wittert die Geruchsspur seiner Beute mit seiner langen gespaltenen Zunge über Entfernungen bis zu 8 Kilometer weit. Er tötet aber nur dann, wenn er keine toten Tiere findet. Er bevorzugt nämlich Aas. Auch für Menschen können die Warane gefährlich werden. In ihrem Maul finden sich so viele Bakterien, dass der Biss giftig ist.

1 Beantworte die folgenden Fragen. Suche dir dabei die entsprechenden Stellen im Sachtext heraus und gib die Zeilenzahl an.
a) Wie groß werden Warane?
b) Wie viel kann ein vollgefressener Waran wiegen?
c) Was fressen Warane am liebsten?
d) Welche Tiere jagt der Waran?

2 Hier sind drei Aussagen über den Waran. Zwei davon sind richtig.
a) Der Biss des Warans ist giftig.
b) Die Jungen der Warane werden von der Mutter gefüttert.
c) Ein Waran kann bis zu 100 Jahre alt werden.

→ Von Heldentaten, Seite 118: Der Kampf mit dem Drachen

Miteinander leben

James Rizzi: Don't worry, be happy.

Dieses Bild hat der Amerikaner James Rizzi gemalt.
Er wurde in New York geboren
und arbeitet noch heute im Stadtteil Manhattan.
James Rizzi ist einer der bekanntesten
zeitgenössischen Pop-Art-Künstler der Welt.

1. Was seht ihr auf dem Bild?
   Wie ist die Stimmung der Personen?
   Was bedeutet dieses Bild für euch?

2. Schreibe einen Text zu dem Bild. Du kannst das Bild beschreiben oder eine Geschichte dazu erfinden.

3. Wenn du einen Sachtext über den Künstler schreiben willst, musst du erst einige Informationen sammeln, z. B. in Kunstbüchern, Lexika oder im Internet.

Vielerlei Arten von Streit

Wolfgang Menzel

Es gibt den Böse-Rache-Streit.
Gibt's auch den Gute-Sache-Streit?

Da gibt es den Ich-hau-dich-Streit.
Gibt's wohl auch den Ich-trau-mich-Streit?

Es gibt den Laut-sich-wehren-Streit.
Gibt's eigentlich auch fairen Streit?

Es gibt den Riesenkracher-Streit.
Gibt's auch den Friedenmacher-Streit?

Es gibt den Streit, wo viel Gebrüll ist.
Gibt es auch Streit, wo es ganz still ist?

Es gibt den Streit, der blutig ist.
Gibt es auch Streit, der mutig ist?

Es gibt das Streiten, das mir stinkt.
Gibt es auch Streiten, das was bringt?

Streit gibt es, der in Wut ausgeht.
Gibt es auch Streit, der gut ausgeht?

Streithähne gibt's, die woll'n vernichten.
Wie kann man einen Streit denn schlichten?

Es gibt den Streit in fiesen Tönen.
Gibt es auch Streit mit Sich-Versöhnen?

Es gibt den Streit, wo einer es dem andern richtig zeigt.
Und was ist, wenn der andre dazu – schweigt?

Streit gibt es, dass die Schwarten krachen.
Doch mancher Streit ist wirklich nur – zum Lachen!

1 Jede Strophe endet mit einer Frage.
Versucht einmal, die Fragen zu beantworten
und ein Beispiel dafür zu finden.

Brieffreundinnen

Sigrid Zeevaert

„Ein Meer voller Sterne“ ist ein Briefroman.
Zwei Mädchen erzählen in Briefen von sich.
Hier ist der Beginn des Briefwechsels:

18. August

Liebe Katharina,
ich schreibe dir mal einen Brief, weil du eine Brieffreundin suchst. Mir fällt sowieso gerade nichts Besseres ein. Und außerdem suche ich auch eine.
Ich bekomme nämlich gern Post.
Ach ja: Ich heiße Nele und bin zehn Jahre, so wie du.
Meine Hobbys sind Schwimmen und manchmal Pferde.
Schreibst du mir bald zurück?
Viele Grüße von

Nele

19. August

Liebe Nele,
du warst die Einzige, die mir geschrieben hat,
und deswegen schreibe ich dir auch sofort zurück.
Damit du siehst, wie ich überhaupt aussehe,
schicke ich dir ein Foto von mir und meinem Hund.
(Er heißt Franz und schläft bei mir am Fußende.)
Hast du auch Tiere? Pferde doch wohl nicht, oder?
Schick mir bitte auch ein Foto von dir, ja?
Sonst stelle ich mir dich vielleicht ganz falsch vor.
Viele Grüße und bis bald

Katharina

21. August

Liebe Katharina,
dein Hund ist süß. So einen hätte ich auch gern, aber meine Eltern erlauben es nicht. Wir wohnen ja in einem Mietshaus. Und meine Mutter will nicht immer mit dem Hund um den Block gehen.
Hast du wirklich rote Haare? Ich schicke dir ein Foto von mir, das schon ein bisschen älter ist, ungefähr ein halbes Jahr.
Meine Haare sind jetzt ganz kurz.
Aber ein anderes Foto finde ich nicht.
Was ich dich noch fragen wollte: Hast du eigentlich Geschwister?
Ich leider nicht, dabei hätte ich gern welche.
Meine Freundin Sarah hat drei Brüder.
Mittwochs gehen wir zusammen zum Judo.
Außerdem sitzen wir in der Schule nebeneinander.
Das ist oft witzig. Sarah macht nämlich meistens Quatsch und hört nicht zu.
Jetzt fällt mir bald der Arm ab, deswegen höre ich mal auf.
Viele Grüße von

Nele

22. August

Liebe Nele,
dein Brief war schön, nur leider viel zu kurz. Dein Foto hängt jetzt bei mir an der Wand, auch wenn es schon ein halbes Jahr alt ist. Schließlich bist du meine erste Brieffreundin. Meine Mutter hat auch eine, aber der schreibt sie so gut wie nie, weil sie keine Zeit hat und außerdem nicht so gern schreibt. Lieber telefoniert sie.
Ich nicht. Ich finde Briefeschreiben schön. Vielleicht werde ich später mal Briefeschreiberin oder Schriftstellerin.
Oder ich werde Ärztin und arbeite in einem Krankenhaus in Afrika.
Meine Freundin heißt übrigens Maren, aber gerade habe ich mich mit ihr verkracht. Sie tut nämlich immer so, als wüsste sie alles besser. Einen kleinen Bruder habe ich auch. Allerdings nur einen und nicht drei. Mir reicht einer aber schon.
Er heißt Jan und ärgert mich immer.

Regnet es bei euch eigentlich auch? Ich habe mal im Atlas nachgeguckt und meinen Vater gefragt. Er hat gesagt, wir wohnen ungefähr 300 Kilometer voneinander entfernt. Gleich muss ich mit meiner Mutter in die Stadt. Den Brief werfe ich dann auch direkt ein.
Viele Grüße von

Katharina

PS: Meine Haare sind wirklich rot. Dachtest du etwa, die sind gefärbt?

1 Schreibe in Stichpunkten auf, was du in den ersten vier Briefen über Nele und Katharina erfährst:

	Nele	Katharina
Alter	10 Jahre	10 Jahre
Hobbys	...	
Haustier	...	
...		

2 Wie findet man eine Brieffreundin oder einen Brieffreund? Informiert euch in Kinderzeitschriften oder im Internet z. B. unter

- *www.blinde-kuh.de/kinderpost*

Pascal wünscht sich was

Anja Tuckermann

Pascals Eltern leben nicht zusammen. Pascal wohnt bei seiner Mutter. Jedes zweite Wochenende besucht er seinen Vater, dessen Frau und seinen gleichaltrigen Stiefbruder Theo, mit dem er sich gut versteht. Aber Pascal ist unglücklich, weil sich sein Vater so wenig Zeit für ihn und Theo nimmt.

Ein paar Tage später fragt Pascal seine Mutter: „Wozu braucht ein Mensch drei Fernseher und zwei DVD-Spieler? Mit dem Geld soll Papa lieber Ausflüge mit uns machen."
„Das müsst ihr ihm sagen."
„Wir haben schon eine Wunschliste geschrieben mit Fernsehturm, Kino und anderen Sachen."
„Und?", fragt Mama.
„Wir waren Eis essen, aber Papa hat noch einen Freund eingeladen und die ganze Zeit mit dem geredet und nicht mit uns", erzählt Pascal.
„Aber wenn ihr euch wünscht, mit ihm ins Kino zu gehen", sagt Pascals Mutter, „dann könnt ihr doch auch nicht miteinander reden."
„Im Kino könnten wir wenigstens neben ihm sitzen, das wäre doch auch schön." Pascal legt den Kopf auf die Schulter seiner Mutter.
„Ihr beide", sagt sie, „müsst ihm das alles sagen. Genau so, wie du es mir erzählst."
Pascal denkt nach. Mit Papa zu reden ist schwierig. Wenn er dann schlechte Laune hat, spricht er gar nicht mehr. Und wie sagt man so was? Pascal schüttelt den Kopf.
„Hab Mut. Manche Sachen merkt Papa nicht selbst. Wenn dir etwas fehlt oder dich etwas stört, musst du es sagen. Am besten sofort."
Die Mutter schiebt ihn zum Telefon.
„Ruf ihn an und sag es ihm jetzt."

Pascal schüttelt den Kopf, vor Schreck ist er ganz rot geworden. Lieber macht er sofort Hausaufgaben für die ganze Woche als Papa anzurufen.

Als das Papa-Wochenende näher rückt, fängt seine Mutter wieder mit dem Thema an. „Sag ihm gleich, wenn er dich abholt, dass du mit ihm etwas besprechen möchtest. Er soll mit dir in ein Café gehen, da sagst du ihm dann alles."

Pascal nickt. Er ist so nervös, dass er nur herumsteht und nichts mit sich anzufangen weiß. Dabei sind noch zwei Stunden Zeit, bis Papa ihn abholt. Als es endlich so weit ist, klingelt das Telefon. Papa ist dran. „Pascal, bitte komm heute mit der U-Bahn. Ich bin am anderen Ende der Stadt."

Pascal packt seine Tasche und steht im Flur. Er will gehen und nicht gehen, zu Papa gehen und bei Mama bleiben, er kann sich nicht entscheiden.

„Ich bringe dich hin", sagt Mama. Und so fährt sie Pascal bis vor Papas Haustür.

Den ganzen Weg über sagt sie: „Sag es ihm gleich als Erstes. Wenn du einen Tag wartest, sagst du es doch nicht. Sei mutig. Sofort, wenn du deine Jacke ausgezogen hast."

Pascal nickt nur und schweigt. Bevor er aussteigt, umarmt er seine Mutter dreimal und dreimal sagt sie: „Sei mutig."

Mit schweren Schritten geht er zur Haustür. Er klingelt, winkt seiner Mutter und geht hinein. Theo erwartet ihn schon. Pascal ist froh, dass er einen Bruder hat.

Dass jemand an seiner Seite ist, als er jetzt zu Papa geht und sagt: „Papa? Wir wollen mal mit dir sprechen."

Und dass er jetzt „wir" sagen kann und Theo ihm gleich helfen wird. Pascal überläuft es heiß und kalt und er wünscht sich, er hätte nichts gesagt. Aber wie sollte er Theo erklären, dass er sich doch nicht traut, mit Papa zu sprechen. Papa faltet die Zeitung zusammen.

„Was gibt's?"

Pascal schluckt, zögert und plötzlich ist Mamas Stimme in seinem Kopf: Sei mutig, sei mutig, sei mutig. Und Theos Augen sagen: Los, los, los, sag was, sag was, sag was.

„Ich . . . wir finden es schade, dass du so wenig Zeit für uns hast.“

Das ist nur der Anfang, der schwerste Satz und Papa wird nicht böse und sagt nicht: „So ein Blödsinn!“

Da wird es leichter und leichter und die Worte sprudeln aus ihnen heraus. Dass sie nie miteinander reden, auch mit Theos Mutter kaum. [. . .]

Und dass Papa nie mit ins Kino geht, sie nur hinbringt und abholt. Und dass sie sich mit ihm unterhalten wollen, dass der Fernseher dann ausgeschaltet sein müsste, dass sie Ausflüge machen und öfter aus der Wohnung hinausgehen wollen. Und dass sie sich allein gelassen fühlen. „Es ist langweilig, immer allein im Kinderzimmer.“

„Macht ihr mir jetzt einen Vorwurf?“, fragt Papa und sieht nicht lustig aus.

„Nein“, sagt Theo. „Wir sagen dir unsere Wünsche.“

„Wir sind Kinder“, sagt Pascal. [. . .]

„Kinder brauchen doch Eltern, die Zeit für sie haben.“

Papa schimpft nicht, er ist ganz still und hat trotzdem nicht sein langes, schlecht gelauntes Gesicht.

Pascal ist nach Weinen zu Mute. Nicht, weil er traurig ist, sondern weil er es geschafft hat, zu sagen, was er denkt.

1. Lest die Geschichte mit verteilten Rollen.

2. Was stört Pascal und Theo an ihrem Vater?

3. Warum fürchtet sich Pascal davor, mit seinem Vater zu reden?

4. Wie wird sich der Vater wohl nun verhalten?

Perspektiven einnehmen
Eigene Gedanken zu Texten entwickeln

→ A . . . wie Anfang, Seite 15/16: Lesen mit verteilten Rollen

Schule in Ecuador

Johanna Wieland

Ich bin Margoth Titumaita, 12 Jahre, 6. Klasse, Escuela Particular, Comunidad ChitaChaka, 25 Schüler (Klassen 1–6), 1 Lehrer.

Der Unterricht in unserer Schule fängt morgens um halb acht an, aber ich muss schon um fünf Uhr aufstehen, weil ich vorher die Hühner, Meerschweinchen und Ziegen füttere. So früh ist es noch dunkel und kalt, denn unser Bauernhof liegt auf fast 4000 Metern Höhe in den Anden. Ungefähr eine Stunde brauche ich bis zur Schule. Ich laufe sehr schnell, damit mir warm wird.

Unterwegs treffe ich meine Freunde, sie kommen von überall her, denn die Häuser in ChitaChaka stehen sehr weit auseinander. Unsere Schule liegt in einer Schlucht, der Berg hinter ihr steigt steil nach oben an, der Berg vor ihr auch, und Fremde sagen: „Was? Da musst du hoch?" Aber das ist doch normal!

Unsere Eltern haben die Schule selbst gebaut, vor zehn Jahren. Damals konnte man nicht einmal mit dem Auto zu uns fahren, weil es keine Brücke über den Bach gab. Also haben die Eltern die Steine und die Balken auf dem Rücken geschleppt oder auf Esel geladen. Das muss schwer gewesen sein. Obwohl: Groß ist unsere Schule wirklich nicht! Sie hat nur zwei Räume. In einem sitzen wir, die 25 Schüler. Jede Stuhlreihe ist eine Klasse. In der sechsten Klasse sind wir zu viert, ich bin 12 Jahre alt und die Älteste in unserer Schule. Wir alle haben nur einen Lehrer, der wohnt im Raum neben unserer Klasse.

Dann steht da noch die Küchenhütte. Jeden Tag kommt eine von unseren Müttern und kocht über offenem Feuer für uns. Meist essen wir in der Pause um zehn Uhr Gerstenbrei mit Zucker. Dann halten wir besser durch, bis die Schule um ein Uhr vorbei ist.

Wir haben jeden Tag Unterricht in zwei Fächern, zum Beispiel nur Spanisch und Mathematik, oder Naturkunde und Kichwa. Kichwa ist eines der besonderen Fächer an unserer Schule. Meine Eltern sprechen kein Kichwa mehr, und das ist doch schade, sagt mein Vater, weil Kichwa die Sprache der Indianer ist, zu denen wir gehören. Ich verstehe es ganz gut, weil meine Großeltern es können. Mein Vater und meine Mutter können nicht lesen und schreiben.

Ich glaube, unsere Eltern sind stolz auf die Schule, weil sie die selbst gebaut haben. Es ist keine staatliche Schule, wir nennen sie „escuela particular“ – die besondere Schule. Unsere Eltern und der Lehrer wollen, dass wir Dinge lernen, die man braucht, wenn man hier oben in den Bergen lebt. Zum Beispiel, wie man den Boden auf unseren Feldern fruchtbarer machen und welches Gemüse man gut anbauen kann. Wir haben sogar einen Schulgarten, und in dem haben wir manchmal auch Unterricht.

Am liebsten lese und schreibe ich; das ist auch wichtig, um etwas zu verstehen, wenn man mal in die Stadt fährt. Die Schule dauert sieben Jahre. Dann bin ich dreizehn Jahre alt und werde meinen Eltern auf unserem Hof helfen. Ich denke, ich werde Bäuerin. Wie meine Mutter.

1. Worin unterscheidet sich Margoths Schule von deiner? Suche möglichst viele Unterschiede heraus und schreibe sie in Stichpunkten auf.

2. Setzt euch zu zweit zusammen und vergleicht eure Ergebnisse. Welche Gründe gibt es wohl für die Unterschiede? Diskutiert darüber.

3. Was meint ihr, geht Margoth gern zur Schule? Suche Stellen im Text, die deine Meinung belegen.

Gezielt Informationen suchen
Zu Texten Stellung nehmen
Aussagen mit Textstellen belegen

→ A . . . wie Anfang, Seite 13: In unserer Klasse
→ Ich und die anderen, Seite 62/63: Die Entscheidung

Ausländer

Siv Widerberg

Mein Papa ist Ausländer.
Und meine Mama ist Ausländerin.
Klaus und ich, wir sind auch Ausländer,
eben jetzt, obwohl wir Deutsche sind.

Denn eben jetzt sind wir in Dänemark.
Ha ha!

Daran hast du nicht gedacht, was?
Dass Deutsche auch Ausländer sind –
im Ausland.

Spur im Sand

Hans Baumann

Ging da ein Weißer,
ein Schwarzer,
ein Roter?
Der Sand sagt:
Ein Mensch.

→ Unser Land in Europa, Seite 132–135:
Im Land der Schokolade und Bananen

In der Fremde

Karin Gündisch

Kerstin wohnte in einem kleinen Gasthof in der Nähe von Michelsdorf und musste mit dem Bus zur Schule fahren. Sie stieg als Einzige aus ihrer Klasse vor dem Gasthof zu.
Schon bei der ersten Fahrt, die sie allein unternahm, erkannte sie zwei Kinder aus ihrer Klasse, aber sie wagte nicht, sie anzusprechen. An der fünften Haltestelle stieg sie aus und folgte den beiden Jungen in die Schule.

Kerstin kam aus einem kleinen Dorf in Siebenbürgen und war noch nie allein Bus gefahren. Auf dem Schulweg am Morgen war alles glatt gelaufen, trotzdem wurde sie ein banges Gefühl nicht los, wenn sie an den Rückweg dachte.
Sie war schon immer ein wenig ängstlich gewesen, nun war sie verunsichert durch das viele Neue. Das unbekannte Dorf, die Unterkunft im Gasthof, die neue Schule im Nachbarort, fremde Menschen überall. Kerstin brauchte für alles Zeit.

Nach dem Unterricht packten die Kinder ihre Sachen zusammen. Kerstin sah, wie die beiden Jungen, die auch nach Michelsdorf fuhren, davonstürmten. Am liebsten wäre sie ihnen nachgerannt, aber die Lehrerin hatte sich noch nicht von der Klasse verabschiedet.

Kerstin wartete eine Weile, doch die Lehrerin gab kein Zeichen zum Aufbruch. Sie verstaute Hefte in einer Tasche und unterhielt sich mit zwei Schülerinnen. Immer mehr Kinder verließen die Klasse. Da nahm Kerstin ihre Schultasche und folgte ihnen.

An der Bushaltestelle fragte sie einen Fahrer, ob der Bus nach Michelsdorf fahre. Der Mann nickte kurz und Kerstin stieg ein. Sie setzte sich neben die Tür und beobachtete die Kinder beim Aussteigen. Erst drückten sie auf einen Knopf und dann gingen die Bustüren auf. Genauso machte es Kerstin an der fünften Haltestelle.
Dann stand sie auf der Straße in einer völlig fremden Umgebung.

Das Dorf war um die Mittagszeit wie ausgestorben. Kein Mensch weit und breit, den sie nach dem Weg hätte fragen können.
War sie an der fünften Haltestelle ausgestiegen? Oder vielleicht schon an der vierten?

Kerstin ging die Landstraße entlang in die Richtung, in die der Bus verschwunden war. Zaghaft winkte sie den vorbeifahrenden Autos in der Hoffnung, dass eines anhalten und sie nach Hause bringen würde. Vielleicht konnte ihr jemand wenigstens einen Rat geben, wie sie am besten nach Michelsdorf kam. Sie wusste, zu Hause wartete die Mutter auf sie.

Aber kein Auto hielt.
Als ein Streifenwagen vorbeifuhr, sprang sie in den Straßengraben und duckte sich. Mit Polizisten wollte sie nichts zu tun haben. Die Menschen in Rumänien fürchteten sich vor der Polizei. Kerstin hatte Angst. Erst als der Streifenwagen nicht mehr zu sehen war, traute sie sich aus dem Graben hervor.
Die Autos flitzten an ihr vorbei, aber keines hielt.
Kerstin hatte das Dorf schon längst verlassen, als der Streifenwagen in umgekehrter Richtung die Landstraße entlangfuhr. Sie versteckte sich ein zweites Mal.

Es schien ihr, als ob jemand, eine fremde Stimme, ihren Namen durch einen Lautsprecher riefe. Sie ließ sich aber nicht täuschen und hervorlocken, sondern blieb wie angewurzelt hinter einem Baum am Straßengraben stehen, der sie vor den Blicken der Polizisten schützte.
Nach einer Weile versuchte sie wieder ein Auto anzuhalten. Sie war ein gutes Stück gelaufen, aber die Gegend wurde ihr nicht vertrauter. Sie war nun sicher, dass sie sich verirrt hatte und dass sie den Weg ohne fremde Hilfe nicht finden konnte. Vor Angst war sie wie gelähmt, aber sie winkte trotzdem wieder, denn sie sah keinen anderen Ausweg.
Endlich hielt ein Auto. Der Fahrer fuhr an den Straßenrand und ließ Kerstin einsteigen. Die letzten Meter war sie gerannt, nun saß sie schnaufend auf dem Beifahrersitz.

Er dürfe an dieser Stelle nicht anhalten, sagte der Fahrer und wollte gleich losfahren. Sie solle sich anschnallen.
Kerstin war so aufgeregt, dass sie nichts verstand. Als der Mann sich über sie beugte und nach dem Sicherheitsgurt griff, packte Kerstin die Panik. Sie zerrte am Gurt, riss die Tür auf und wollte aus dem Wagen springen.

„Bist du nicht die Kerstin Schneider?“, fragte der Mann und hielt den Gurt fest.
Als Kerstin ihren Namen hörte, gab sie den Widerstand auf. Sie nickte, und der Mann ließ den Gurt los.

„Ich bin Lehrer an deiner Schule“, sagte er. „Wir suchen dich. Auch die Polizei sucht dich. Deine Mutter hat die Schule benachrichtigt, dass du nicht nach Hause gekommen bist.“
Der Lehrer fuhr mit Kerstin zurück in die Schule. Dort war fast das ganze Lehrerkollegium versammelt und Frau Pfeil versuchte Kerstins Mutter zu trösten.
Kerstin wurde mit Fragen bestürmt: „Wo warst du so lange? Wo kommst du her?“
Frau Pfeil wurde ganz blass, als sie von ihrem Kollegen erfuhr, dass Kerstin in einen fremden Wagen gestiegen war. Und die Polizisten wunderten sich, dass sie das Mädchen auf der Seeberger Landstraße nicht gesehen hatten, obwohl sie dort zweimal entlanggefahren waren.
Kerstin sagte kein Wort.
Ob sie in den falschen Bus gestiegen sei? Ob sie in den Seeberger Bus gestiegen sei, der über einen großen Umweg nach Michelsdorf fahre?
Kerstin schwieg beharrlich. Sie wollte nur nach Hause.

1. Lest zuerst die groß gesetzten Abschnitte der Geschichte. Könnt ihr Kerstins Verhalten verstehen? Unterhaltet euch darüber.

2. Lest nun die ganze Geschichte. Könnt ihr euch Kerstins Verhalten nun besser erklären? Sprecht auch darüber.

3. Schreibe eine Zusammenfassung der Geschichte.

4. Sicher wisst ihr, dass man niemals zu Fremden ins Auto steigen soll. Warum hat Kerstin es trotzdem getan?

→ Unser Land in Europa, Seite 132–135: Im Land der Schokolade und Bananen
→ Gedichte-Werkstatt, Seite 165: Ich träume mir ein Land

Friedensreich Hundertwasser: Rettet die Wale.

1 Beschreibt das Bild.

2 Stellt auch ein Plakat mit dem Thema „Rettet die Wale“ her.

Schutz der Wale

Helga Schön

Auftauchen, ohne Gefahr durch Harpunen: In einem Weltpark für Wale würden auch seltene Arten Schutz finden.

Früher lebten viele Menschen an den Küsten vom Walfang. Mit kleinen Booten jagten sie die Wale oder verwerteten Tiere, die gestrandet waren. Wale gaben den Menschen Nahrung und Öl zum Heizen und Beleuchten.
Mit der Entwicklung großer Fangschiffe und Harpunen wurden die Tiere immer rücksichtsloser gejagt. Fast alles an den Walen konnte man teuer verkaufen. Allein in diesem Jahrhundert starben durch Harpunen über zwei Millionen Großwale. Der Bestand wurde schließlich so klein, dass ab 1948 eine internationale Walfangkommission festlegte, wie viele Wale jedes Jahr gefangen werden durften. Aber die Zahl der Tiere nahm trotzdem weiter ab.
1986 trat dann ein Fangverbot in Kraft. Japan und Norwegen halten sich nicht daran, sie jagen weiterhin Tiere für wissenschaftliche Zwecke. Das Fleisch der Wale gilt in beiden Ländern als Delikatesse und ist sehr begehrt. Bestimmte Walarten sind noch immer vom Aussterben bedroht. Naturschutzorganisationen fordern jetzt die Einrichtung eines Weltparks für Wale – ein riesiges Gebiet, in dem die Jagd auf die Meeresriesen verboten ist.

Das könnt ihr tun:
Informiert euch im Internet (www.de.wikipedia.org/wiki/walfang) oder bei Naturschutzorganisationen (z. B. Greenpeace, WWF) nach dem neuesten Stand der Walschutzbestimmungen. Schreibt an die verantwortlichen Politiker und bittet sie, sich für den Schutz dieser Tiere einzusetzen.

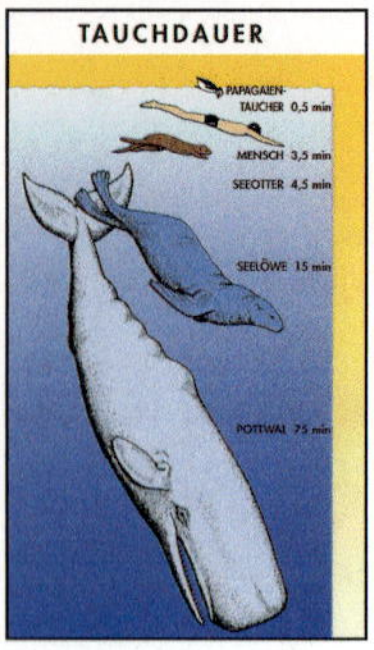

Buckelwale

Cynthia D'Vincent

„Am liebsten mag ich die Buckelwale. Sie sind die lebhaftesten unter den großen Walen, fast Akrobaten . . .", sagt die Meeresbiologin Cynthia D'Vincent, die mit ihrer Familie die Wale auf ihren Wanderungen begleitet. Im Wale-Kinder-Buch berichtet sie über die erstaunlichsten Anpassungen dieser „sanften Riesen" ans Wasserleben, über die Geburt und das Heranwachsen der Kinder und über die geheimnisvollen Wal-Gesänge . . .

Ein Buckelwal ist ungefähr 20 Meter lang und wiegt mehr als 50 Tonnen, so viel wie unser Segelschiff.

Die langen, schlanken Brustflossen des Buckelwals, die Flipper, erreichen fast ein Drittel seiner Körperlänge und unterscheiden ihn von allen anderen Walen.

Oft sind die Flipper weiß. Sie tragen, genau wie die Schnauze, fleischige „Knoten". Auf jedem wächst ein einzelnes Haar. Diese „Tastorgane" sind sehr empfindlich. Wahrscheinlich spüren die Wale damit ihre Beute auf. Die elegant geschwungene Schwanzflosse, die Fluke, ist etwa 4 Meter breit, breiter, als das kleine Boot, in dem ich arbeite, lang ist. [. . .]

Die Buckelwale gehören wie die Blau- und Grauwale zu den Bartenwalen. Anstelle von Zähnen haben sie eine merkwürdige Siebvorrichtung im Maul, die Barten.

Mit den Barten „kämmen" die Wale wie mit einer Bürste kleinste, schwebende Lebewesen, das Plankton, aus dem Wasser. So ernähren sich die größten Tiere der Erde von den kleinsten Lebewesen, die im Meer leben.

Die Zahnwale haben ein einfaches Blasloch, die Bartenwale ein zweigeteiltes. Deshalb sieht auch der Blast, das ist die Dampfwolke der ausgeatmeten Luft, bei den verschiedenen Walen unterschiedlich aus. Bei den Buckelwalen ist er birnenförmig. Er kann über 10 Meter hoch sein. An windstillen Tagen bleibt er wie eine Nebelwolke lange in der Luft hängen. Dieses auffällige Zeichen hat den Walfängern geholfen, die Wale fast auszurotten.

Der Blast und der kraftvolle, elegante Schlag der Fluke – das sind die Zeichen, denen auch wir folgen, wenn wir die Wale auf ihren Wanderungen durch die Ozeane begleiten.

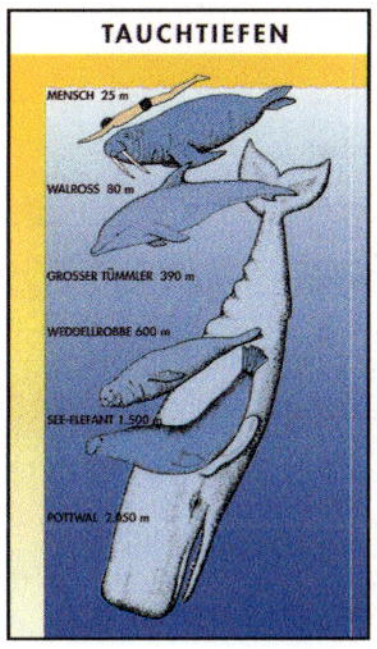

Was aber tun sie unter Wasser? Wie weit tauchen sie hinab in die dunkle Tiefe? Wie lange können sie tauchen? Wann und wo werden sie wieder auftauchen? Ein wenig davon kann der Blast verraten: Je tiefer ein Wal tauchen will, umso öfter atmet er. Er verrät uns auch, ob ein Wal erregt ist oder entspannt. Ein langsam ausgestoßener, fauler Blast stammt von einem ruhenden Wal, ein scharfer, schneller von einem aufgeregten Wal. Manchmal atmen die Wale so schnell und stoßweise aus, dass es wie eine Riesentrompete klingt und als Echo von den Bergen widerhallt.

Wenn Menschen so lange und so tief wie Wale tauchen wollen, brauchen sie viele komplizierte technische Hilfsmittel und müssen genaue Regeln beachten. Wale können so viel „auf Vorrat“ atmen und den Sauerstoffvorrat so gut ausnützen, dass sie mühelos tief und lange tauchen können, Pottwale zum Beispiel 3000 Meter tief und eine Stunde lang.

Der Blutkreislauf der Wale ist dem Leben in der Tiefe angepasst und auf das lange Luft-Anhalten eingerichtet. Vor allen anderen Organen werden Gehirn und Herz beim Tauchen mit Sauerstoff versorgt. Weil sie unter Wasser nicht atmen, gelangt wenig Stickstoff in ihr Blut, der bei schnellem Auftauchen lebensgefährliche Bläschen bilden könnte. Beim Menschen besteht diese Gefahr, deshalb müssen Taucher immer langsam an die Oberfläche kommen. Wale haben auch eine eigenartige ölige Flüssigkeit in ihren Atemwegen, die Stickstoff festhalten kann. Dieses Öl kann man auf der eigenen Haut spüren, wenn man in den Nebel eines Wal-Blasts gerät.

Buckelwale tauchen nicht sehr tief, weil ihre Beutetiere nicht im tiefen Wasser leben. Sie bleiben ungefähr 10 bis 15 Minuten unter Wasser; wenn sie beunruhigt sind, auch eine halbe Stunde. Auf ihren Wanderungen schwimmen sie weit unter Wasser. Manchmal kann man voraussagen, wo sie wieder auftauchen werden, manchmal nicht. Das ist das Aufregendste, oft auch das Enttäuschendste beim Wale-Beobachten.

Die Buckelwale wandern jedes Jahr viele tausend Kilometer an die Orte, wo sie sich paaren und ihre Jungen bekommen. Oft trifft man drei Wale zusammen an: eine Mutter mit ihrem einjährigen Kind und einem Mann.

Ein Wal-Mann verteidigt entschlossen seine Stellung gegen andere Wal-Männer. Dies tut er mit gewaltigen Schwanz- und Flossenschlägen. Wir haben Wale mit blutig geschlagenen Schnauzen gesehen. Auf Flippern und Fluken der Wale wohnen oft Entenmuscheln – das sind fest sitzende Krebstiere. Ihre scharfen, harten Schalen machen die Schläge noch wirkungsvoller. Manchmal versuchen Wale sogar ihrem Gegner das Blasloch zuzuhalten.

Buckelwal-Frauen bekommen alle zwei oder drei Jahre ein Junges. Die Schwangerschaft dauert ungefähr ein Jahr. Das Junge wird mit dem Schwanz zuerst geboren, anders als andere Säugetier-Kinder. Das ist eine Anpassung an das Wasserleben. So wird verhindert, dass das Baby Wasser einatmet. Gleich nach der Geburt versucht das Junge, die Wasseroberfläche zu erreichen. Die Mutter hilft ihm dabei und schubst es vorsichtig nach oben, damit es seinen ersten Atemzug nehmen kann.

Schon eine halbe Stunde nach der Geburt kann das Wal-Baby gut schwimmen. Ein Neugeborenes wiegt zwei Tonnen und ist fünf Meter lang. Jeden Tag trinkt es bei seiner Mutter ungefähr 500 Liter Milch. Man kann verstehen, dass das Baby schnell wächst. Walmilch ist nahrhaft und dickflüssig wie Sahne. Das Baby muss die Milch nicht wie alle anderen Säugetierkinder aus den Zitzen saugen, sie wird ihm

von den Muskeln, die rund um die Milchdrüsen liegen, ins Maul gespritzt. Deshalb dauert das Säugen nur ein paar Sekunden. In dieser kurzen Zeit trinkt der kleine Wal zwölf Liter Milch.
Im März treten die Wale ihre weite Reise in die kalten nordischen Meere an. Wie können sie ihren Weg finden über viele tausend Kilometer zu den gleichen Gegenden vor der Küste Alaskas, von denen sie im letzten Herbst aufgebrochen sind, zu den Hawaii-Inseln, diesem winzigen Punkt in der Weite des Pazifischen Ozeans? Niemand weiß es wirklich.
Wenn die Wale in Alaska ankommen, wiegt das Kind, das im Winter in Hawaii geboren wurde, schon ungefähr 15 Tonnen. Es hat ja die ganze Zeit die nahrhafte Milch bekommen. Seine Mutter aber hat überhaupt nichts mehr gefressen, seit sie letzten Herbst nach Hawaii gewandert ist.
Die Wale fressen nur im Sommer in den nördlichen Gewässern. Die übrige Zeit des Jahres, acht Monate lang, leben sie von ihren Fettreserven.
Sobald die Wal-Familie in Alaska ist, frisst das Kind mit seiner Mutter Heringe und Krill, kleine Krebse, die in ganzen Wolken im Wasser schweben. Milch trinkt das Kind auch noch, bis es ein Jahr alt ist.
Wie alle jungen Säugetiere ist das Wal-Kind neugierig, übermütig und verspielt. Oft spielt es stundenlang mit einem Stück Tang, übt Aus-dem-Wasser-Schnellen und Flossen-Schlagen, während seine Mutter frisst und frisst.

1 Lest diesen Sachtext über die Buckelwale gründlich durch.
Habt ihr etwas nicht verstanden?
Dann lest die Textstellen noch mal, sprecht darüber oder schlagt unbekannte Wörter im Lexikon nach.

2 Schreibt drei Dinge auf, die ihr behalten habt.
Zum Beispiel: *Das Walbaby trinkt an jedem Tag 500 Liter Milch.*
Buckelwale sind Bartenwale.

3 Erstellt ein Plakat über die Buckelwale.

Die sanften Riesen der Meere

Nina Rauprich

Seit Generationen leben die Bewohner der Insel Madeira vom Walfang, auch der zwölfjährige Manuel möchte einmal Walfänger werden. Doch als er eines Tages in Seenot gerät und von Delfinen zur Küste zurückgetragen wird, beginnt er, die Riesen der Meere mit ganz anderen Augen zu sehen.

Mit Schirmmütze, Comicheft und Schlauchboot will er aufs Meer hinaus. Aber das darf Mutter nicht merken. Sie würde sofort in Geschrei ausbrechen. „Manuel, nein! Du gehst nicht mit der Nussschale aufs Wasser! Das ist viel zu gefährlich. Wenn du schwimmen willst, bitte. Aber im Hafen wie die anderen Kinder auch. Dieses Spielzeug kommt mir nicht ins Haus. Ich habe so eine komische Ahnung."

Manuel kennt das auswendig. Trotzdem wagt er sich öfter heimlich aufs Meer. Was soll dabei denn passieren?

Als die Geräusche vom Hafen nicht mehr zu hören sind, zieht Manuel das Comicheft hervor und beginnt, darin zu lesen. Er muss die Augen zukneifen, so hell ist es. Dabei scheint die Sonne gar nicht mehr richtig. Man kann nicht lesen. Manuel legt Kopf und Arme auf den wulstigen Rand des Bötchens. Die Wellen glucksen leise und Träumen ist auch schön. Irgendwann schwappt ihm Wasser ins Gesicht. Pfui Teufel, ist das kalt! Und warum hüpft das Schlauchboot so? Manuel blinzelt zum Himmel. Wolken sind aufgezogen. Der Wind bläst stärker und die See ist unruhig geworden. Diese Schaukelei ist zwar ganz lustig, aber ein bisschen unheimlich ist sie auch. Manuel versucht das Schlauchboot in die entgegengesetzte Richtung zu steuern, zurück zum Hafen. Er strengt sich mächtig an. Das Bötchen schlingert und dreht sich immer wieder zurück. Die Wellen sind kurz und kabbelig. Sie haben Schaumkronen und spritzen. Manuel ist schon ganz nass. Und kalt ist es mit einem Mal. Er zwingt sich, nicht zur Küste zu schauen, sondern nur starr auf die Wellen vor sich, denn er weiß auch so, dass der Wind ihn weit hinausgetragen hat.

Die See brodelt jetzt. Regen klatscht in die Gischt. Manuel klammert sich an den Rand des Schlauchbootes. Eine Wasserwand türmt sich vor ihm auf, rollt heran und schlägt schäumend über ihm zusammen. Als er wieder Luft holen kann, ist das Boot verschwunden.

Manuel schwimmt. Er denkt nicht mehr an die Haie, nicht an die Thunfischkutter, nicht einmal mehr an die Entfernung bis zur Küste. Er schwimmt, reißt den Kopf hoch, schnappt nach Luft, schwimmt weiter, spuckt Salzwasser aus. Die Angst lähmt seine Gedanken. Beine und Arme werden schwer, die Bewegungen langsamer. Manuel merkt es nicht einmal. Schwimmen, Luftholen, Schwimmen – ganz mechanisch führt sein Körper diese Befehle aus.

Er sieht nicht, wie eine kleine dreieckige Rückenflosse neben ihm auftaucht und gleich wieder verschwindet. Auch den grauen Kopf bemerkt er nicht, den geöffneten Rachen, die spitzen Zähne. Da streift etwas an seinem Bauch entlang, seine Füße stoßen auf Festes. Sein müder Arm streckt sich vor – und bleibt liegen. Manuel sieht seine eigene Hand vor sich auf dem Wasser, ohne dass sie untergeht. Nun langt er mit dem andern Arm nach vorne. Dasselbe. Er schwimmt nicht mehr. Das Meer tobt und schäumt und trotzdem geht er nicht unter.

Werde ich verrückt? Oder vielleicht ist das Schlauchboot …
Unmöglich, das ist grell orange. Das müsste ich sehen.

Um ihn herum ist alles grau, das Meer, der Regen, der Himmel. Neben ihm springt ein Fisch. Der ist auch grau. Ein dicker grauer Fisch, größer als er selbst. Und da ist gleich noch einer. Haie? Nein, denkt Manuel trotz seiner Verwirrung nun doch ganz klar. Haie springen nicht. Das sind überhaupt keine Fische. Das sind Delfine.

Auf Noahs Arche

Michael Flaig

Löwen, Tiger und Giraffen,
Panter, Wölfe, Leoparden,
Elefanten, Zebras, Affen,
Krokodile und Geparden,
Pferde, Schweine, Hühner, Enten,
Wiesel, Marder, Fledermäuse,
Gänse, Tauben, Spatzen, Finken,
dazu Mücken, Flöhe, Läuse.
Unbeschreiblich, das Gedränge!
Unbeschreiblich, diese Enge!
In jedem Winkel irgendwelche
Gämsen, Rehe, Hirsche, Elche,
ausgefüllt die kleinste Ecke
mit Walross, Wurm und Weinbergschnecke.
Alle, alle wollen fressen,
trinken, schlafen und vergessen,
was dort draußen vor sich geht
und wie hoch das Wasser steht.
Nur die Ziegen und die Kühe
geben Milch für Noahs Mühe,
und die Sieben-Meter-Boa
zischelt leise: „Armer Noah."
Noah tröstet, tränkt und füttert,
gönnt sich weder Rast noch Ruh
und tut nachts kein Auge zu.

Denn in jeder Nacht erzittert
Noahs Schiff, genannt die Arche,
unter höllischem Geschnarche.

→ Gedichte-Werkstatt, Seite 159:
auf dem Land

Der Elefantenjunge

Sigrid Heuck

Taro ist ein afrikanischer Junge. Er ist erst zehn Jahre alt und völlig allein in der Wildnis. Sein Vater wurde von Menschenhändlern entführt und seine Mutter von Banditen getötet. Ganz auf sich gestellt schleppt sich Taro durch die glühend heiße Steppe. Doch dann schließt sich ihm die junge Elefantin Yama an. Elfenbeinjäger haben ihre Herde getötet. Yama wurde verletzt und konnte entkommen. Nun machen Yama und Taro sich gemeinsam auf die Suche nach einem Land, in dem Frieden herrscht und niemand Hunger leiden muss.

Eines Tages weckte ihn ein Trompetenstoß Yamas aus dem Mittagsschlaf. Die Elefantin stand mit hocherhobenem Rüssel und schlagenden Ohren am Uferrand und starrte auf die andere Seite des Flusses. Die beiden Kuhreiher flatterten erschrocken davon.
An einer flachen Stelle näherte sich eine fremde Elefantenfamilie dem Ufer. Um ans Wasser zu kommen, verscheuchte die riesige Leitkuh eine Horde Antilopen und mehrere Gnus. Eine große Anzahl anderer Elefanten, Kühe, einige junge Bullen und ein paar kleine, noch unbeholfene Elefantenkälber liefen hinter ihr her.
Yama schickte einen zweiten Ruf über den Fluss. Doch keiner ihrer Artgenossen schien sie zu bemerken. Ohne lange zu zögern, stieg sie in die Strömung.
Bald schlug das Wasser über ihrem Rücken zusammen. Sie reckte ihren Rüssel hoch, um Atem zu holen. Kein einziges Mal blickte sie sich um. Sie strebte dem anderen Ufer und den fremden Elefanten entgegen. Der Menschenjunge blieb allein zurück. Ihr sehnlichster Wunsch war, wieder eine Familie zu haben, gleichgesinnte Artgenossen.
Taro stand mit hängenden Armen am Rand der Strömung und sah ihr nach. War das der Abschied? War sie dabei, ihn zu verlassen? Es hatte keinen Sinn, ihr nachzulaufen und den Fluss zu überqueren. Yama schien ihn vergessen zu haben.

Keinen Augenblick hatte sie gezögert, sich ins Wasser zu stürzen. Keinen Augenblick dachte sie daran, sich nach ihm umzusehen, weil es ihr nicht möglich war, der Anziehungskraft der fremden Herde zu widerstehen.

Er hockte sich ans Ufer und beobachtete, was weiter geschah.

Die Elefanten badeten im seichten Wasser, spritzten sich gegenseitig an, prusteten, schnaubten, rangelten sich und spielten miteinander. Nicht weit von ihnen entfernt erklomm Yama das Ufer und näherte sich ihnen völlig unbefangen.

Die Anführerin der Herde nahm ihr den Annäherungsversuch übel. Angriffslustig trompetend stürzte sie sich auf die fremde Elefantin, um sie zu vertreiben, so, wie sie es immer bei allen unbekannten Artgenossen tat.

Yama erschrak und wich einige Schritte zurück. Die Alte verfolgte sie wütend. Sie stampfte mit ihren Füßen den Boden, klappte die Ohren nach vorn, hob den Rüssel und zeigte ihr drohend die mächtigen Stoßzähne.

„Yama!“, rief Taro entsetzt über den Fluss. „Pass auf!“ Doch seine Warnung wurde vom Rauschen der Strömung verschluckt.

Die beiden Elefanten standen eine Weile voreinander und starrten sich an.

Es war ein stummes Kräftemessen.

Die Leitkuh war stark und erfahren. Seit dem Tod ihrer Mutter führte sie die Familie an. Sie hatte die neugeborenen Kälber behütet und vor den Angriffen fremder Räuber beschützt. Und sie war mit ihrer Gruppe immer den Elfenbeinjägern entkommen. Sie duldete einfach keine fremden Artgenossen in ihrer Nähe. Sie erkannte sofort, wie jung Yama war, wie unerfahren. Sie sah auch, dass sie verletzt gewesen sein musste, und erriet, dass sie offensichtlich ihre Familie verloren hatte. [...] Doch sie hatte trotz allem kein Mitleid mit ihr. In der Wildnis gibt es kein Mitleid. Sie durfte kein fremdes Tier in ihrer Familie dulden. Das war Elefantengesetz.

Als sie auf die junge Elefantin zuging, war sie wild entschlossen unter keinen Umständen der Fremden zu erlauben, bei ihnen zu bleiben. Da drehte sich Yama um und verschwand im Dickicht.

Nur kurze Zeit später gab die alte Leitkuh ihrer Familie das Zeichen zum Aufbruch. Sie kletterten ans Ufer, nahmen die schlammbedeckten Kälber in ihre Mitte, ordneten sich in eine Reihe ein und folgten ihrer Anführerin, die sich vom Fluss abwendete und schon bald nicht mehr zu sehen war. Wie an einem unsichtbaren Band zogen sie Yama hinter sich her. Sie tauchte aus dem Röhricht auf, in das sie sich zurückgezogen hatte, und folgte ihnen in großem Abstand. Den Menschenjungen schien sie vergessen zu haben.

1. Lest zunächst nur die schwarz gedruckten Abschnitte.
2. Wie verhalten sich die fremden Elefanten gegenüber Yama?
3. Lest nun die orange gedruckten Abschnitte.
4. Beschreibt Taros Gefühle, während er das Geschehen beobachtet.
5. Was denkt ihr, warum Yama der Elefantengruppe folgt?
6. Welches Ende würdest du dir für die Geschichte wünschen? Begründe.

Auf Tuchfühlung mit dem Dickhäuter

Vom Umgang der Wilhelma-Pfleger mit den Elefanten

„Elefant erdrückt Pfleger im Wiener Zoo." (dpa-Meldung vom 20. Februar)

Wohlig räkelt sich Vilja im Bassin. Vilja ist zu Scherzen aufgelegt: Sie stupst und schubst ihren Pfleger Volker Scholl, der natürlich ohne Scheu auf Tuchfühlung geht und ihr den Rüssel tätschelt. Gestatten: Vilja, knapp vier Tonnen schwere Elefantendame aus der Wilhelma. Trotz aller Vertrautheit vergisst Scholl nie, dass sein Job gefährlich ist.

Neugierig beäugt Vilja die fremden Besucher am Beckenrand, entsteigt langsam dem Wasser und streckt ihnen forschend ihr Riechorgan entgegen. Manch Unbedarften würde Unbehagen beschleichen angesichts eines solchen Bergs von einem Tier. „So ist sie immer, wenn Besuch da ist", beruhigt Volker Scholl, „sie weiß nämlich, dass es dann außer der Reihe zu fressen gibt." Schlaues Tier. Scholl greift nach ein paar Karotten und legt sie Vilja ins Maul.

Hat sie nicht eben gelächelt? Langsam weicht die Scheu, selbst bei einem wie dem Autor dieser Zeilen, der vor großen Tieren gern respektvoll Abstand hält. Dass Vilja einem Böses wollte – kaum vorstellbar. Nein, den Vorfall im Wiener Zoo Schönbrunn mag Scholl, zumal aus der Ferne, nicht bewerten. Nur so viel: „Unfälle mit exotischen Tieren kommen immer wieder vor, und in 80 Prozent der Fälle sind es tatsächlich Unfälle." Wie 1997, als Panzernashornbulle Bruno seinen Pfleger mit einem Kopfstoß schwer verletzte.

Volker Scholl ist seit 25 Jahren Tierpfleger, 20 davon im Elefantenhaus der Wilhelma. Passiert sei mit seinen Dickhäutern während dieser Zeit nie etwas. Das mag daran liegen, dass die Wilhelma neben Vilja zwar vier weitere Elefantenkühe beherbergt, aber keinen Bullen. „Bullen können aggressiv werden, wenn sie sich in der so genannten Musth-Zeit befinden", erläutert Scholl. In dieser Phase des erhöhten Hormonspiegels sieht ein Bulle seinen Pfleger als Rivalen im Buhlen um ein Weibchen. Dann ist erst recht Vorsicht geboten.

Bei der Haltung gefährlicher Tiere unterscheiden Zoologen zwischen zwei Formen, der so genannten Hands-on- und der Hands-off-Betreuung. Letztere besagt, dass Pfleger und Tier nie direkten Kontakt miteinander haben, also zu jeder Zeit, etwa durch Gitter, getrennt sind. Im Elefantenhaus der Wilhelma indes haben Mensch und Tier direkten Umgang miteinander. Beim Füttern und Baden genauso wie beim Spielen und Schmusen. „Elefanten sind Gefühlstiere", sagt Scholl.

In ein paar Jahren, wenn die Elefanten der Wilhelma ein größeres Gehege erhalten, wird wohl auch die zeitweise Trennung von Pfleger und Dickhäutern praktiziert. Denn der zoologisch-botanische Garten will sich auch mit Elefanten am Europäischen Erhaltungszuchtprogramm (EEP) beteiligen und deshalb Bullen beherbergen.

Revierleiter Scholl glaubt, dass sich die Tiere ihrer körperlichen Überlegenheit gegenüber dem Menschen durchaus bewusst sind. „Deshalb gibt es bei unserer Arbeit auch keine 100-prozentige Sicherheit. Dass immer ein Restrisiko bleibt, weiß jeder, der diesen Beruf ergreift."

Um dieses so gering wie möglich zu halten, hat die Wilhelma Sicherheitsstandards festgelegt, die auch international gebräuchlich sind. So werden in dieser Hinsicht zwei Kategorien von Tieren unterschieden: die gefährlichen, zu denen beispielsweise Antilopen zählen, und die besonders gefährlichen Tiere, etwa Giftschlangen, Raubkatzen und auch Elefanten. Schriftliche Verhaltensmaßregeln müssen sich alle Betreuer jährlich einmal zu Gemüte führen – und dies auch schriftlich bestätigen. Mit Raubkatzen haben Tierpfleger grundsätzlich keinen direkten Kontakt. Die Gehege sind mit Schiebern und Türen entsprechend konstruiert.

Die Elefantenbetreuung wiederum setzt ein festes Team erfahrener Pfleger voraus. In der Wilhelma kümmern sich sechs Personen ausschließlich um die fünf Elefantendamen. Beim direkten Umgang mit den Tieren sind sie immer zu zweit. Eiserne Regel: Probt ein Tier den Aufstand, wird der Pfleger diesen Elefanten nicht weiterbetreuen.

„Dass die Tiere den Pflegern gehorchen, ist das A und O“, erläutert die stellvertretende Direktorin Marianne Holtkötter. „Die Beziehung definiert sich nicht über körperliche Kraft.“

Sondern über international angewandte Kommandos in einer Mischung aus Englisch, Französisch und Singhalesisch: „Lay down“ – Leg dich hin, oder „Rangu“ – Rüssel hoch.

Vilja gehorcht aufs Wort und hebt noch kurz ihren Aufpasser mit dem Rüsselklammergriff in die Höhe. „Kraft hat sie schon“, bestätigt Volker Scholl augenzwinkernd. Na, da untertreibt der Pfleger ein wenig . . .

Michael Deufel, Stuttgarter Nachrichten

1. In der Wilhelma haben die Pfleger direkten Kontakt zu den Elefanten. Wie wird begründet, dass dabei keine Unfälle passieren?

2. Was bedeutet „Hands-off-Betreuung“?

3. In der Wilhelma werden die Elefanten von mehreren Pflegern gemeinsam betreut. Beschreibe die Betreuung im Team.

4. Erzählt von einem Besuch im Zoo oder Tierpark.

Ich und die anderen

Hansi Linthaler

Als ich fünf war,
dachte ich: Wie schön wird es sein,
wenn ich zehn bin, dann bin ich groß.
Jetzt bin ich zehn und bin immer noch ich
und bin nicht groß.
Aber als ich fünf war,
war ich viel kleiner.

Martin Auer

Sonst bist du dran

Renate Welsh

Michel zerrte am Reißverschluss seiner Hose, sein Hemd war eingezwickt. Er zog den Pullover so weit hinunter wie möglich und öffnete die Tür.

Da standen fünf oder sechs Jungen aus seiner Klasse, johlten und gröhlten, Rücken an Rücken dicht gedrängt. Plötzlich aber öffnete sich ein Spalt, und Michel sah Arnold über die Klomuschel gebeugt, von Bertram und Klaus an beiden Schultern festgehalten. Wo war sein Kopf? Der steckte in der Muschel! Von dort kam das Gurgeln und Keuchen.

Michel hatte den Mund voller Spucke. „Aufhören!“, wollte er schreien, aber er wusste nicht wohin mit der vielen Spucke, schlucken konnte er nicht, ausspucken noch weniger. „Achtung!“, schrie einer. „Was ist hier los?“, fragte der Lehrer. Niemand antwortete. Der Lehrer musterte die Jungen, wandte sich an Michel. „Was ist los?“, wiederholte er. Michel zuckte mit den Schultern. „Reden kannst du nicht?“ Er konnte wirklich nicht reden. Da war die Spucke, da waren vor allem die Blicke, die er nicht sah, aber spürte, eine sehr deutliche Drohung.

Der Lehrer schüttelte den Kopf. „Wer fertig ist, geht raus. Das ist kein Aufenthaltsraum.“

Bertram packte Michel am Arm. „Wehe, du sagst ein Wort.“ Michel nickte. Er wollte nur weg. Warum war er nicht gegangen, als der Lehrer noch da war? Es läutete. Bertram und die anderen liefen hinaus, Michel wusch sich die Hände so gründlich, als stünde seine Mutter hinter ihm. Hörte er leises Weinen hinter der geschlossenen Tür?

Er ging in die 4 a, setzte sich an seinen Platz.

Als Arnold hereinkam, mit nassen Haaren, roten Augen, senkte Michel den Kopf. Arnold setzte sich auf seinen Platz. Valerie rückte ihren Stuhl ans äußerste Ende der Bank, dann baute sie aus Büchern, ihrer Federschachtel, Malkasten, Handarbeitskoffer, Lineal und Dreiecken eine Mauer zwischen sich und ihm.

Frau Rode betrat die Klasse. Wie immer meinte Michel, den Duft ihres Parfüms bis in die fünfte Reihe zu riechen. Wie immer lächelte sie. „Michel, hast du überhaupt zugehört?“, fragte Frau Rode. „Mir scheint, du träumst schon wieder.“ Er hatte ihr beim Sprechen zugehört.

Was hatte sie gesagt? Irgendetwas von einem Porträt.

„Valerie, so kannst du Arnold ja gar nicht sehen. Bau bitte diese Mauer ab.“ „Er stinkt!“, rief Valerie. „Er stinkt!“, bestätigte ein Chor. Frau Rode legte Arnold die Hand auf die Schulter. Er zuckte zusammen, als hätte sie ihn geschlagen. „Was ist los mit dir Arnold?“

Michel erwartete, dass Arnold jetzt herausplatzen würde. Oder wenigsten zu weinen anfangen. Aber er schwieg. Senkte den Kopf und schwieg. Bertram zog Luft durch die Zähne ein.

Klaus drehte sich zu Bettina und Laura um und schlug mit dem Zeigefinger an seine Stirn. Sie kicherten.

Frau Rode ging nach vorn, nahm ein Lineal, klopfte damit an ihre Jeans. Alle blickten auf, nur Arnold saß immer noch mit gesenktem Kopf.

„Hier ist etwas los“, sagte Frau Rode, „ich weiß zwar nicht, was es ist, aber es gefällt mir ganz und gar nicht. Wenn ihr mir nicht sagen wollt, worum es geht, kann ich euch nicht zwingen. Vielleicht überlegt ihr einmal, dass zu einem Unrecht zu schweigen, gerade so viel ist, als hätte man mitgetan.“

Michel erschrak. Weiß sie es? Sie kann es nicht wissen, woher denn. Natürlich weiß sie nichts.

Arnold saß immer noch da zwischen seinen hochgezogenen Schultern.

1. Michel fühlt sich nicht wohl in seiner Haut. Erkläre.

2. Warum schweigt Arnold?

3. Hast du schon einmal zu einem Unrecht geschwiegen oder eine ähnliche Situation erlebt? Erzähle.

Meine Schwester und ich

Regina Schwarz

Sie macht's gut,
ich mach's schlecht.
Sie macht's euch
immer recht.

Ich mach's anders,
Sie macht's so,
ich mach euch zornig,
sie euch froh.

Sie ist leise,
ich bin laut,
und ich bin es,
der sie haut.

Sag ich nein,
sagt sie ja,
und wer lieb ist,
ist doch klar.

Immer sie,
niemals ich.
Und ich frag:
Wer mag mich?

Sieben Seelen

Roswitha Fröhlich

Ich will euch erzählen
von meinen sieben Seelen.
Die erste ist fleißig,
die zweite ist faul,
die dritte will reden,
die vierte hält's Maul,
die fünfte ist feige,
die sechste hat Mut,
die siebente mahnt sie:
Nun vertragt euch mal gut!
Meine sieben Seelen
sind so verschieden
wie du und ich.
Und doch ergeben sie
zusammen:
mich.

1 Geht es dir auch manchmal so?

→ A . . . wie Anfang, Seite 12:
Lesen mit immer anderer Stimme

Rund ums Taschengeld

Gabriele Simon-Kaufmann

Viele Kinder in eurem Alter bekommen von den Eltern oder anderen Verwandten wöchentlich oder einmal im Monat einen bestimmten Geldbetrag ausbezahlt. Dieses Geld nennt man Taschengeld.

Allerdings sind eure Eltern nicht durch ein Gesetz verpflichtet, euch Taschengeld zu geben. Sie tun es freiwillig. Auch über die Höhe des Taschengeldes gibt es keine Bestimmungen. Es gibt jedoch Empfehlungen von Jugendämtern vieler Städte, wie viel Geld für welches Alter angemessen ist. Ganz entscheidend aber ist natürlich, wie viel Geld eurer Familie zur Verfügung steht. Das hängt in erster Linie vom Verdienst eurer Eltern ab und von der Zahl der Familienmitglieder, die von diesem Geld leben müssen. Alle diese Punkte solltet ihr bedenken, wenn ihr mit euren Eltern über die Höhe eures Taschengeldes verhandeln wollt.

Taschengeld ist wichtig, weil ihr lernen sollt, mit Geld umzugehen. Ihr müsst euch dann nämlich überlegen, ob ihr euer eigenes Geld lieber sparen oder ausgeben wollt. Bei einem Kauf können eure Eltern euch beraten, entscheiden aber solltet ihr selbst.

Allerdings könnt ihr nicht alles kaufen, was ihr wollt. Dafür sorgt der sogenannte „Taschengeldparagraph“ (§ 110 des Bürgerlichen Gesetzbuches). Dort heißt es, dass ihr ab dem 7. bis zum 18. Lebensjahr „beschränkt geschäftsfähig“ seid. Das bedeutet, ihr dürft ab dem 7. Geburtstag ohne Zustimmung eurer Eltern bestimmte Dinge kaufen, wenn ihr sie von eurem Taschengeld bezahlen könnt. Außerdem sollte man davon ausgehen können, dass eure Eltern dem Kauf zustimmen würden.
Mit dem Gesetz soll verhindert werden, dass ihr Schulden macht oder euch etwas Teures oder Unnötiges aufgeschwatzt wird.
Im Alltag heißt das, dass ihr ein Buch oder Süßigkeiten allein einkaufen dürft. Für den Kauf eines Computers braucht ihr aber die Erlaubnis eurer Eltern.

1. Philipp ist 9 Jahre alt und bekommt von seinen Eltern kein Taschengeld. Überlegt euch mithilfe des Textes, mit welchen Argumenten Philipp seine Eltern überzeugen kann, ihm Taschengeld zu geben.

2. Erkundigt euch, wie viel Taschengeld für Philipp empfohlen wird. Ihr könnt dafür im Internet unter dem Suchbegriff „Taschengeld“ nachschauen oder beim Jugendamt eurer Stadt nachfragen.

3. Könnt ihr euch ohne Zustimmung der Eltern einen Farbfernseher kaufen? Begründet eure Antwort mithilfe der passenden Textstelle.

4. Wofür brauchst du Geld?

Sach- und Gebrauchstexte kennen
Texte genau lesen
Aussagen mit Textstellen belegen

→ Unser Land in Europa, Seite 130: Der Euro

Wer will schon ein Zwilling sein?

Rosemarie Künzler-Behncke

Es gab selbst gemachte Pommes und Salat und hinterher Schokoladeneis zum Abendbrot. Doch die Stimmung am Tisch war bedrückt.

Sara und Sofie redeten kein Wort. Sie waren immer noch böse miteinander. Papa hatte schon davon gehört, dass sie sich geprügelt hatten. Er wollte wissen, warum. Aber Sara und Sofie blieben stumm. Und Mama wusste nicht, was los war. „Eins steht fest“, sagte Papa. „So geht es nicht weiter. In der letzten Zeit seid ihr richtige Streithennen. Irgendetwas stimmt nicht mehr. Warum könnt ihr euch nicht vertragen?“

„Vielleicht hängt es mit der Grippe zusammen“, überlegte Mama. „Es wird Zeit, dass die beiden wieder zur Schule kommen.“
„Nein!“, sagte Papa. „Da steckt mit Sicherheit mehr dahinter. Also, jetzt mal raus mit der Sprache!“

„Mir fällt nichts ein“, sagte Sara. „Frag doch Sofie.“
Zuerst biss sich Sofie auf die Lippen. Aber dann platzte es aus ihr heraus: „Mir ist alles zu eng. Das Zimmer, das Stockbett! Sara fällt mir auf die Nerven. Nie kann ich allein sein! Immer diese Bevormundung! Alles weiß sie besser!“

„Ich kann doch nichts dafür, dass ich die Erstgeborene bin!“, knurrte Sara.

Sofies Stimme zitterte: „Ich möchte nicht mehr doppelt sein. Ich will nicht immer die gleichen Klamotten tragen wie Sara. Nie weiß ich, welches wirklich mein Anorak ist und welches mein T-Shirt. Eines Tages verwechsele ich noch mich selbst!“

„So 'n Quatsch!“ Sara war wütend.
„Ich möchte kein Zwilling mehr sein!“, schrie Sofie sie an. „Ich will lieber ein Einling sein. Den kann man wenigstens nicht verwechseln!“
„Alte Giftkröte!“, zischte Sara. „Du wirst schon sehen, wie weit du ohne mich kommst!“
Mama schüttelte den Kopf: „Was ist denn plötzlich in euch gefahren?“
„Gar nicht plötzlich“, sagte Sofie. „Das ist ein Gefühl, das schon länger in mir rumort. Ich konnte es nur nicht rauslassen. Ich wollte Sara

nicht kränken. Und ich hatte Angst vor euch, ich wollte euch nicht enttäuschen."

Sara war wütend und traurig zugleich. „Ich fand es schön zu zweit. Viel schöner als allein. Jetzt macht Sofie alles kaputt!" Sara hatte sich wohl gefühlt als große Schwester und als Sofies Beschützerin. Sie konnte sich immer ein bisschen besser fühlen als Sofie. Sie hatte es genossen, wenn die Lehrer zu Sofie sagten: „Nimm dir ein Beispiel an deiner Schwester!"

Als Zwillinge waren sie automatisch der Mittelpunkt der Klasse gewesen. Es war doch alles so gut gelaufen. Warum musste Sofie jetzt so einen Terror machen?

Mama und Papa sahen nachdenklich drein.

„Tja", sagte Papa. „Ich kann es noch gar nicht fassen. Ich hatte ja keine Ahnung, was ihr für Schwierigkeiten habt."

Mama schüttelte den Kopf. „Ich dachte, ihr seid die besten Freundinnen. Früher wart ihr immer ein Herz und eine Seele."

„Genau", sagte Sofie. „Ein Herz und eine Seele – aber wir sind zwei!"

1 In dieser Geschichte findet ihr einige größer gedruckte Abschnitte. Einige von euch lesen nur die größeren Teile, die anderen die ganze Geschichte. Danach erzählen Kinder aus den verschiedenen Gruppen, was sie gelesen haben.

2 Notiert, was euch zur Lösung von Sofies Problem einfällt. Diskutiert darüber.

3 Gibt es ähnliche Probleme auch bei Geschwistern, die keine Zwillinge sind?

Bun

Michael Morpurgo

Bevor es passierte, bevor die Welt um mich herum dunkel wurde, habe ich immer gelesen. Dann habe ich es mit der Blindenschrift probiert und ich werde immer besser, aber auf diese Art geht Lesen schrecklich langsam. Also höre ich lieber meine Kassetten. Ich hab' Dutzende davon in meinem Regal. Das Problem ist nur, dass ich nicht weiß, auf welcher was zu hören ist; meine drei Lieblingskassetten habe ich mir deshalb nebeneinander auf den Nachttisch gelegt. So finde ich sie leichter.

Von links nach rechts liegen da: *Das Schwert im Stein*, *Sir Gawain und der Grüne Ritter* und *Artus, Hochkönig von Britannien*. Alle drei hab ich schon so oft angehört, dass ich manche Abschnitte Wort für Wort auswendig mitsprechen kann. *Artus, Hochkönig von Britannien* höre ich am häufigsten, allerdings nicht, weil das die beste Geschichte wäre – *Das Schwert im Stein* ist wahrscheinlich die beste –, sondern weil sie in Bryher beginnt und endet, hier auf den Scilly Islands, wo ich auch wohne. Ich kann mir alle Orte perfekt vorstellen, und dann kommt es mir vor, als wäre ich ein Teil der Geschichte, könnte mich darin frei bewegen, dort sein, wo ich sein möchte, tun und lassen, was immer ich will.

Das ist nämlich mein Problem. Es gibt so vieles, was ich nicht mehr tun kann – lauter Sachen, die ich früher gemacht habe, ohne überhaupt darüber nachzudenken –, so normale Sachen wie einkaufen gehen, über Schiffstaue springen, auf dem Rasen Fußball spielen, fernsehen, nach Lust und Laune Freunde treffen, an Booten rumbasteln, im Sommer damit vom Kai aus rausdümpeln aufs Wasser. Schwimmen gehen kann ich immer noch, aber es muss immer jemand dabei sein. Das ist das Schlimmste. Ich kann nirgendwo allein hingehen, mich frei bewegen wie früher.

Zu Hause ist es gar nicht so übel. Ich hab' so eine Art Erinnerungs-und-Tast-Karte vom Haus im Kopf, von jedem Zimmer, jeder Tür, jedem Stuhl. Solange mein Vater nicht seine Schuhe mitten in der Küche liegen lässt – was er ziemlich oft tut – und solange niemand die Möbel umstellt oder meine Zahnbürste weglegt, komme ich ganz gut zurecht. Ich kann es nicht leiden, wenn ich stolpere oder herumtasten muss oder hinfalle. Lachen tut da zwar keiner, natürlich nicht. Manchmal wünsche ich mir sogar, sie würden lachen. Aber nein, sie verstummen alle und bedauern mich, und das macht mich tief drinnen sehr wütend.

Und ich vermisse so vieles – die Farben des Himmels und des Meeres, das Blau und das Grün und das Grau, das Schwarz und Weiß der Austernfischer[1]. Ich kann mir die Farben nicht mehr richtig vorstellen und die Gesichter der Leute auch nicht, jedenfalls nicht mehr wie früher. Also sind alle nur noch Stimmen, die Menschen und die Austernfischer, jeder nur eine Stimme, sonst nichts. Ich gewöhne mich langsam daran, oder zumindest versuche ich es mir einzureden. Nach zwei Jahren sollte ich jedenfalls damit umgehen können. Aber es macht mich immer noch wütend, wenn ich darüber nachdenke; das Pech, das ich hatte, macht mich wütend. Ich versuche, nicht daran zu denken, aber das ist leichter gesagt als getan.

Deswegen ist „Lesen“ und „Schreiben“ so schön. Ich hab' mir schon jede Menge Geschichten ausgedacht. Das gefällt mir, denn in meinen Geschichten kann ich sein, wer ich will. Ich kann meine Träume wahr werden lassen. Ich bin der Erschaffer neuer Welten. In meinen Träumen und meinen Geschichten kann ich wieder frei sein; frei herumlaufen, alles sehen; ich kann wieder ich sein.

1 Wie sieht Buns Alltag aus? Sprecht darüber.

2 Notiere drei Fragen zum Text.

3 Dein Partner oder deine Partnerin soll die Antworten auf deine Fragen mit Textstellen belegen.

Sich an Gesprächen beteiligen
Aussagen mit Textstellen belegen

[1] Austernfischer: Seevogel

Berechtigte Forderung

Christine Nöstlinger

Möcht allein sein, möcht mich verkriechen,
möcht heut keinen sehen,
möcht heut keinen riechen!

Fühle mich, ganz ohne triftigen[1] Grund,
schrecklich weh und irrsinnig wund!

Könnte die Badewanne mit Tränen voll weinen,
Sinn, mich zu trösten, hat es wirklich keinen.

Drum lasst mich, bitte, endlich in Ruh
und macht doch die Tür von draußen zu!

[1] triftig: bestimmt, wichtig

Selbsthilfe

Christine Nöstlinger

„Ich bin so unglücklich“, sagte der Hans zur Mutter.
„Was soll ich dagegen tun?“
„Versuche es mit guten Taten“, sagte die Mutter.
„Tue jeden Tag eine gute Tat!“
„Warum?“, fragte der Hans.
„Weil gut sein glücklich macht“, sagte die Mutter.
„Ich will es versuchen“, murmelte der Hans.
Nach drei Tagen erkundigte sich die Mutter,
ob es der Hans mit den guten Taten schon versucht habe.
„Ja“, rief der Hans. „Und es hat fabelhaft geholfen!
Vorvorgestern habe ich mir Schokolade geschenkt!
Vorgestern habe ich mir eine Kinokarte gekauft!
Gestern habe ich mir eine Geschichte vorgelesen!“
„Du dir selber? Alles du dir selber?“,
rief die Mutter entsetzt.
„Na sowieso!“, sagte der Hans. „Wer so unglücklich ist
wie ich, hat gute Taten wohl am allernötigsten!“

1 Christine Nöstlinger beschreibt in dem Gedicht auf Seite 60
und in dieser Geschichte zwei unglückliche Kinder.
Ja, unglücklich sind sie beide,
aber was ist bei ihnen trotzdem anders?
Versucht zu zweit herauszufinden,
wie unterschiedlich die beiden
Kinder mit ihren Gefühlen umgehen.

2 Seid ihr auch manchmal unglücklich?
Sprecht darüber.

Zu Texten Stellung nehmen
Sich an Gesprächen beteiligen
Unterschiede und Gemeinsamkeiten
von Texten finden

→ Theater-Werkstatt, Seite 172:
Gefühle ohne Worte darstellen

Die Entscheidung

Gabriele Simon-Kaufmann

Joschka hielt den Atem an. Zögernd schlug er sein Klassenarbeitsheft auf und blätterte vorsichtig Seite für Seite um. „16 Punkte von 35 Punkten“ stand da mit roter Tinte. Weiter brauchte Joschka nicht zu lesen. Er schlug das Heft zu, schloss die Augen und schluckte. Aber der Kloß im Hals saß fest.

Aus und vorbei, dachte er nur, alles ist aus und vorbei. Jeden Tag hatte er geübt – eine ganze Woche lang, jeden Tag. Seine Mutter hatte ihn angespornt, gesagt: „Siehst du, du kannst es doch.“ Und er war sich so sicher gewesen. Was würden sie wohl jetzt sagen, Mama und Papa? Sicher würden sie nicht schimpfen. Wahrscheinlich würden sie ihn in den Arm nehmen und trösten. „Joschi“, würde Papa sagen, „ich habe doch auch kein Abitur und habe trotzdem einen guten Beruf.“ Und Mama würde ihn fest an sich drücken und ihm ins Ohr flüstern: „Du bist für uns immer ein toller Junge. Noten sind nicht so wichtig.“ Aber in ihren Blicken könnte er trotzdem die Enttäuschung lesen.

Bero stupste ihn von hinten an der Schulter.

„Und?“, fragte er leise.

Joschka zuckte mit den Schultern und schüttelte den Kopf. Die Hand seines Freundes legte sich kurz auf seine Schulter.

Am anderen Tisch hörte er Dominik rufen: „Klasse! Ich habe eine 1–2!“

Joschka schaute nicht hin. Aber er spürte, wie ein heißes Gefühl in ihm hochstieg und er zu schwitzen anfing. Er wusste nicht genau, was es war: Zorn, Scham, Enttäuschung? Schlimm genug, dass er nicht mit seinen Freunden Bero und Simon in die gleiche Schule gehen konnte. Aber war er wirklich

auch dümmer als dieser großmäulige Angeber Dominik? Warum nur schaffte er es nicht, in den entscheidenden Situationen einmal kühlen Kopf zu bewahren?
Joschka holte tief Luft. Angestrengt starrte er zum Fenster hinaus: Jetzt nicht weinen, nur nicht weinen.
Um ihn herum klapperten die Stühle. Hatte er etwa die Pausenklingel verpasst?
Langsam stand er auf und packte seine Sachen zusammen. Simon kam vorbei und schlug ihm auf die Schulter: „He, Alter. Treffen wir uns um 15 Uhr auf dem Bolzplatz? Wir haben doch den Neustädtern eine Revanche angekündigt."
Joschka schaute zu Boden. „Nein, keine Zeit. Tut mir Leid."
Simon starrte ihn entgeistert an. „Das meinst du doch nicht ernst. Wir haben das ausgemacht. Ohne dich verlieren wir todsicher."
Joschka schob sich an ihm vorbei.
„Frag doch Dominik. Er ist jetzt in eurem Team."
Ohne sich umzusehen, ging er davon.
„Was ist denn mit dem los?", fragte Simon verwundert.

1 Was ist denn mit Joschka los?

2 Im Text werden drei Gefühle genannt:
Zorn, Scham, Enttäuschung (Zeile 31).
Warum fühlt sich Joschka so?

3 Wie findest du Joschkas Verhalten?

→ Miteinander leben, Seite 30/31:
Schule in Ecuador

Es war einmal ein Dorf …

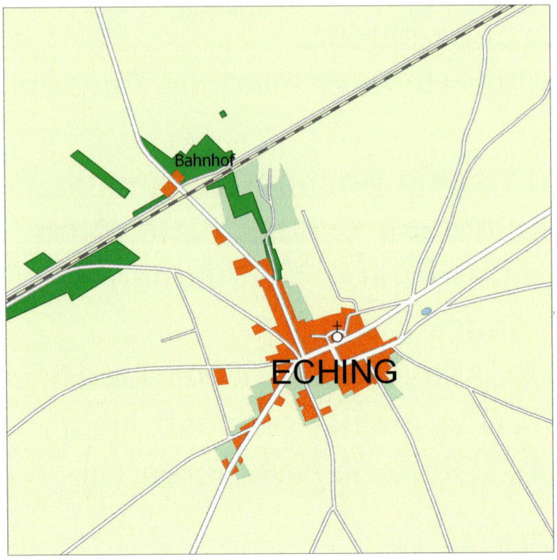

Eching 1930

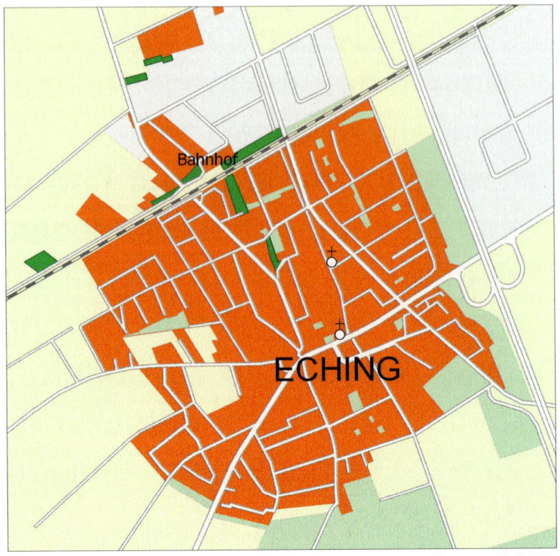

Eching 2008

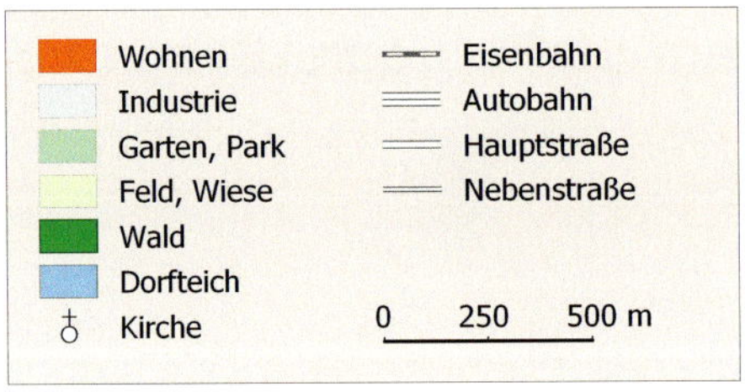

1. Was hat sich in Eching in 78 Jahren alles verändert? Vergleicht die Karten.

2. Schreibt einen Sachtext über euren Ort oder eure Stadt. Sammelt Informationen im Internet, bei der Touristeninformation oder im Stadt- oder Gemeindearchiv.

Gezielt Informationen suchen
Nach Anregungen schreiben

→ Unser Land in Europa, Seite 129: Gemeinsam für den Frieden

Die Menschheit wächst weiter – und die Natur?

Stephan Bretscher

Vor 100 Jahren lebten zwei Milliarden Menschen auf der Erde. Heute sind es mehr als sechs Milliarden. Jede Sekunde kommen drei weitere Erdenbürger und -bürgerinnen hinzu. Bis zum Jahr 2050 wird die Erdbevölkerung auf etwa 8,9 Milliarden anwachsen. In den letzten 400 Jahren verschwanden, größtenteils durch menschlichen Einfluss, nachweislich 611 Tierarten und 396 Pflanzenarten. [...]

Es gibt Zeichen der Hoffnung. Immer mehr Menschen wird klar, dass die vielfältige Natur unsere unwiederbringliche Lebensgrundlage ist. Seit den Sechzigerjahren ist die Zahl der Schutzgebiete weltweit stark gewachsen. Mittlerweile gibt es über 12 400 größere Schutzzonen. Aber, da sind sich die Forscher einig: Die heutigen Anstrengungen reichen bei weitem nicht. Wir Menschen gefährden unsere Zukunft, wenn es uns nicht gelingt, den Raubbau an der Natur einzudämmen und uns mehr zu bescheiden.

1. In dem Text kommen eine Menge Zahlen vor, die schwer zu behalten sind. Was findest du interessant? Was willst du dir merken? Es ist hilfreich, bei den Zahlen auf- oder abzurunden, zum Beispiel:

In den letzten 400 Jahren starben etwa 600 Tierarten aus.

Im Jahr 2050 wird es voraussichtlich 9 Milliarden Menschen auf der Erde geben.

2. Schreibe die wichtigsten Informationen auf Satzstreifen auf. Verwende rote Satzstreifen für die Probleme, die wir haben, und grüne Satzstreifen für die Zeichen der Hoffnung.

3. Vergleicht eure Satzstreifen. Klebt sie auf ein Plakat.

4. Kennt ihr Beispiele aus eurer Umgebung, wo die Natur dem Menschen weichen musste? Sprecht darüber.

Der Kindergipfel

Kinder reden – Erwachsene hören zu

Die Redakteure der Zeitschrift *natur* fragten 1991 Kinder nach ihren Wünschen und Visionen zum Thema Umwelt und Zukunft. Viele Kinder antworteten, schrieben Briefe und schickten Bilder. Die überwältigende Reaktion zeigte, was den Redakteuren längst klar gewesen war – dass Kinder viel zu sagen haben:
„Kinder begreifen, was um sie herum passiert. Sie haben ernst zu nehmende Angst, aber auch tolle Visionen. Junge Menschen haben gute Ideen, die es würdig sind, gehört zu werden. Es ist die Pflicht der Erwachsenen, ihnen einmal zuzuhören."
So entstand die Idee des Kindergipfels, der seit 1991 regelmäßig stattfindet. Unter dem Motto „Kinder reden – Erwachsene hören zu" haben Kinder die Gelegenheit, mit den Menschen über ihre Angelegenheiten zu sprechen, die über ihre Zukunft entscheiden: mit Politikern und Managern.
Im Jahr 2008 wurde auf dem Kindergipfel in Bonn ein Zukunftsvertrag erarbeitet. Die anwesenden Politiker und Manager versprachen, sich für die Anliegen der Kinder einzusetzen. Die Kinder erhielten auch die Möglichkeit, ihr Engagement und ihre Forderungen auf der UN-Konferenz vorzustellen. Beim nächsten Kindergipfel im Jahr 2010 werden die Ergebnisse überprüft und der Vertrag ergänzt.

Zukunftsvertrag 2008 – Kinder haben Recht(e)

- Wir fordern eine Verbesserung der Rahmenregeln der Weltwirtschaft. Hierzu zählen wir die Abschaffung von Kinderarbeit, eine Reduzierung des industriellen Wasserverbrauchs und verstärkte bzw. verbesserte Kontrollen in Firmen.
- Wir fordern die weltweiten Großkonzerne auf, die Zerstörung und Vernichtung von Tierarten und deren Lebensräume zu stoppen.

- Wir fordern, dass mehr Geld für Entwicklungshilfe ausgegeben wird.
- Wir fordern, dass keine Ausbeutung in Entwicklungsländern unterstützt wird.

- Wir fordern, dass man in der Schule mehr Nachhaltigkeit lernt.
  Wir wollen einen Unterricht, der mehr auf Teamwork als auf Konkurrenz setzt und wollen, dass Nachhaltigkeit in allen Schulfächern unterrichtet wird.

- Wir fordern strengere Gesetze ohne Ausnahmeregelungen, um die Jagd, den Handel und die Fischerei vom Aussterben bedrohter Arten zu stoppen, um ihr Aussterben zu verhindern.
- Wir fordern die Einführung des Tempolimits auf Autobahnen von 120 km/h und Steuern auf Flugbenzin und andere umweltschädliche Stoffe, da Klimawandel eine Ursache für Artensterben ist.

- Wir fordern zum Schutz der Artenvielfalt und besonders zum Schutz der fast ausgestorbenen Tier- und Pflanzenarten, dass schon halb zerstörte Lebensräume nicht weiter durch menschliche Eingriffe wie z. B. die Abholzung zerstört werden.
- Wir fordern, dass mehr Mülleimer in der Öffentlichkeit und in den Schulen zur Mülltrennung aufgestellt werden.

1. Welche Forderungen sind euch wichtig? Warum?
2. Überlegt euch, wie die Kinder überprüfen könnten, ob die Forderungen erfüllt werden.
3. Formuliert selbst einige Forderungen und veröffentlicht sie auf einem Plakat.

www.kindergipfel.de

Der Tag, an dem die Tiere verschwanden

Im Herbst war es soweit: Die Tiere hatten genug! Ihr Präsident, ein 198 Jahre alter Schildkröterich, grübelte schon 50 Jahre lang nach einer Lösung. Dann war sein Entschluss gefasst. Er rief seinen Sekretär, den Papagei, und diktierte ihm einen Aufruf.

In Windeseile erfuhren die Tiere aller Erdteile davon, auch da, wo sich Fuchs und Hase gute Nacht sagen. Die Schwalben brachten die Nachricht von Afrika nach Europa. Die Kamele sprachen darüber in den Oasen, die Delfine trugen die Botschaft durch die sieben Weltmeere und die Spatzen pfiffen die Neuigkeit von allen Dächern:

„An alle Tiere!

Seit Jahrzehnten schon besteht der Plan der Tiere, den Planeten Erde zu verlassen.

Die Menschen haben die Leoparden ausgerottet, weil deren Fell schöner war als ihres! Sie haben die Elefanten umgebracht, um aus ihren Stoßzähnen Andenken-Elefanten für Reisende zu schnitzen! Sie haben uns gefangen, um uns in Safariparks frei laufen zu lassen. Sie haben die Luft und das Wasser verpestet, sodass wir kaum mehr leben können. Allenfalls unsere Ratten können so viel aushalten wie der Mensch. Jedes Jahr sterben viele Tierarten durch die Schuld des Menschen aus.

Und es wird noch schlimmer kommen!

Deshalb meine ich: Für uns ist kein Platz mehr auf dieser Erde.

Ich habe ein Raumschiff besorgt, das uns zum Mars oder einem anderen Himmelskörper fliegen wird. Noch schlechter als bei den Menschen auf dieser Erde können wir es nirgendwo treffen.

Abflug am Donnerstag um vier.

Euer Präsident und Freund!“

Die Tiere folgten unverzüglich dem Ruf des klugen Schildkröterichs. Die Vögel sammelten sich zu Schwärmen. Karawanen von Nashörnern und Nilpferden, Katzen und Kamelen, Igeln und Elchen zogen über die Landstraßen und durch die Städte. Aber die Menschen in ihrer Eile bemerkten nichts davon. Und wenn doch jemand die endlosen Kolonnen von Tieren sah, schüttelte er nur verwundert den Kopf. Alles klappte wie geplant. Pünktlich am Donnerstag schlossen sich bei Einbruch der Dunkelheit die Luken des Raumschiffes und der Pandabär zündete die Triebwerke.

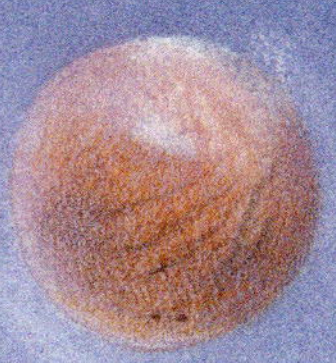

Da zischte der Rauch aus der Rakete, das Raumschiff begann auf seinem Feuerstrahl zu schweben, wurde schneller und schneller und schoss schließlich ins All. Die Tiere hatten die Erde verlassen!

Es dauerte drei ganze Wochen, bis den Menschen klar wurde, was geschehen war. „Im Supermarkt gibt es keine Hähnchen mehr“, berichtete fassungslos die Mutter, „und Fleisch wird immer knapper!“ An jedem Baum hingen Zettel: „Wellensittich entflogen“ – „Hund entlaufen“ – „Schildkröte verirrt“ – „Hohe Belohnung!“ Die Kürschner jammerten, weil sie keine Felle mehr hatten und mit Kunstfellen schneidern mussten. Die Ärzte waren verzweifelt, weil keine Versuchstiere mehr da waren und sie die Medizin an Menschen ausprobieren mussten. Die Feinschmecker jammerten, weil es keine Schildkrötensuppe mehr gab. Und die Fangflotten kamen ohne Beute zurück. „Ein paar Wale muss es doch noch geben“, sagten sie. „Es ist unmöglich, dass wir schon alle gefangen haben.“

Detektive wurden ausgesandt, die Polizei auf der ganzen Welt suchte mit Hubschraubern und U-Booten nach den verschollenen Tieren. Lautsprecherwagen rollten langsam durch die Wälder, Satelliten hinterließen auf allen Raumstationen der Milchstraße die Nachricht:

„Liebe Tiere, wo seid ihr? Kommt zurück, wir brauchen euch!“

Aber die Menschen erhielten keine Antwort.

Die Zeitungsleute sammelten und sichteten alle Spuren und Hinweise. Sie befragten die wenigen Augenzeugen, denen die wandernden Karawanen aufgefallen waren; sie arbeiteten sich durch die Berichte der Detektive und Polizeibeamten. Sie betrachteten die Bilder, die die Weltraumstationen zur Erde schickten.

Die Forschungsarbeit der findigen Reporter hatte Erfolg: Im Dezember starteten zehn Reporter und Kameraleute eine Expedition zum Mars. Einen Monat später sendeten alle Fernsehstationen ein Interview, das die Reporter mit dem Präsidenten der ausgewanderten Tiere auf dem Mars führten:

Reporter: „Herr Präsident, seit einem Jahr leben die Tiere ohne die Menschen. Wie geht es ihnen?"

Präsident: „Glänzend."

Reporter: „Wann kommen sie zurück auf die Erde?"

Präsident: „Niemals."

Reporter: „Aber die Menschen brauchen die Tiere doch!"

Präsident: „Ja, damit wir ihnen Fleisch und Wolle geben! Damit sie jemanden haben, den sie herumkommandieren können! Damit sie uns jagen und hetzen und uns das Fell über die Ohren ziehen! Und damit sie an uns Geld verdienen können! Nein, die Zeiten sind vorbei."

Reporter: „Ehrlich: Die Erde ist so traurig und leer ohne die Tiere!"

Präsident: „Solange wir noch bei euch lebten, habt ihr so getan, als wärt ihr allein auf der Welt. Und jetzt seid ihr es wirklich."

Reporter: „Ja, es ist furchtbar für uns, wenn in den Bäumen keine Vögel mehr sitzen und die Wälder totenstill bleiben. In der Nacht hören wir keine Katze mehr miauen, und wenn die Sonne aufgeht, kräht kein Hahn. Gibt es denn für uns Menschen keine Hoffnung mehr?"

Da überlegte der Präsident lange. „Wir älteren Tiere haben von euch endgültig genug. Aber unsere Kinder kennen euch ja nicht so gut wie wir. Und vielleicht werden eure Kinder die Tiere besser verstehen und höher schätzen als ihr. Dann könnte es geschehen, dass unsere Nachkommen mit euren Nachkommen einen neuen Anfang versuchen. – Mal sehen."

1. Warum verlassen die Tiere die Erde?

2. Welche Folgen hat das für die Menschen?

3. Teilt den Text in verschiedene Abschnitte auf.
Setzt sie in Spielszenen um.

4. Stell dir vor, du bist der Reporter.
Was würdest du die Tiere fragen?
Wie könntest du die Tiere zur Rückkehr bewegen?

Texte genau lesen
Szenisch spielen
Lebendige Vorstellungen entwickeln

→ Tiere, Seite 42/43:
Die sanften Riesen der Meere
→ Theater-Werkstatt, Seite 178:
Von der Geschichte zum Theaterstück

Der indianische Freund sagt

Walter Helmut Fritz

Wir machen keinen Wettstreit.
Wenn einer leidet,
leiden die andern.
Wir sind gastfreundlich
und halten Wort.
Die Geister der Toten
sind uns vertraut.
Den Nutzen achten wir nicht.
Wenn wir ein Fest feiern,
sind alle dabei,
auch Kräuter, Mais und Kürbis,
der über Kiesel
springende Bach,
Antilope, Schlange und Büffel,
das Feuer und die Schatten,
die es erzeugt,
Wolke und Berg,
der Morgenwind, der sich
hinter den Ulmen erhebt,
das Grün, Gelb und Rot
des Regenbogens.
Sie alle sind unsere Geschwister.

1. Welcher Satz in diesem Gedicht ist dir besonders wichtig? Begründe.

2. Erkläre den letzten Satz.

Wetter

In Zeitungen, im Fernsehen und im Rundfunk wird jeden Tag das Wetter für die folgenden Tage vorhergesagt.
Da weiß man, wie es in den nächsten Tagen wird.
Für mehr als zwei, drei Tage kann man das Wetter aber nicht vorhersagen.
Und manchmal stimmt auch schon für den nächsten Tag nicht ganz genau, was da so gesagt wird.
Das Wetter ist nun einmal nicht ganz berechenbar.

Wetter zum Baden?

Tabea und Mark wollen sich in den nächsten Tagen zum Schwimmen im Freibad verabreden. Sie sind aber nicht ganz sicher. „Wollen wir morgen oder übermorgen ins Freibad gehen?“, fragt Mark. Tabea antwortet: „Lass uns doch erst einmal in die Zeitung gucken, danach können wir uns ja entscheiden.“
Und das taten sie dann auch.

Wettervorhersage

Am morgigen Freitag erwärmt sich die Luft auf bis zu 30 Grad. Der Vormittag ist noch sonnig, danach bilden sich Quellwolken. Am Nachmittag und am Abend kann es zu Regen mit heftigen Gewittern kommen.

Am Samstag kühlt sich die Temperatur deutlich auf unter 20 Grad ab. Es ist heiter bis wolkig, doch für die Jahreszeit zu kalt. Der Wind weht stark von Osten. Die Windböen erreichen eine Stärke von bis zu 5. Hier und da kann es zu kleinen Schauern kommen.

Erst am Sonntag beruhigt sich das Wetter wieder. Der Wind dreht auf Süd und weht nur noch mäßig. Die Wolken lösen sich am Vormittag auf, und gegen Nachmittag kommt überall die Sonne durch. Es wird sommerlich warm.

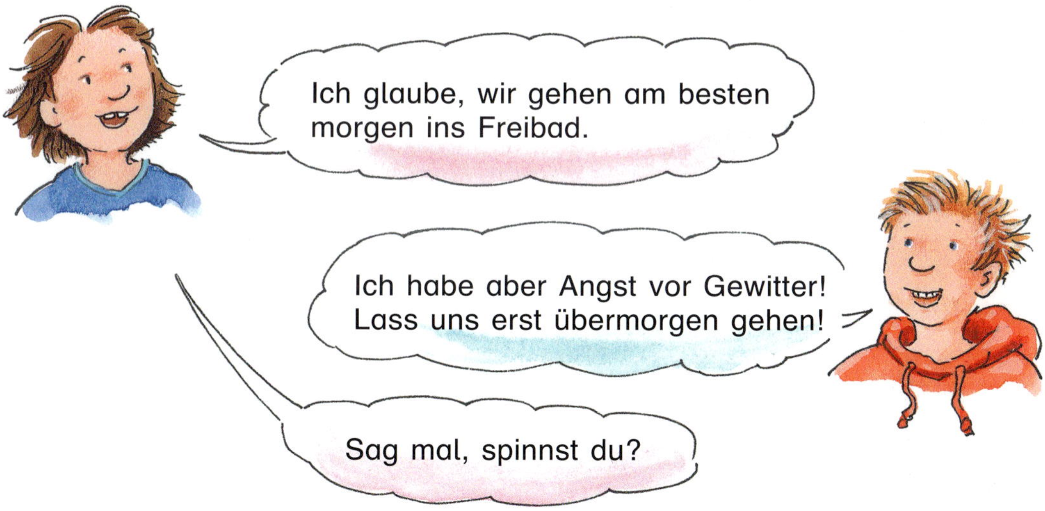

1. Warum sagt Tabea: „Spinnst du?“

2. Für welchen Tag würdest du dich entscheiden? Und warum?

3. In den Wettervorhersagen kommen einige Fachwörter vor: *Quellwolken, Temperatur, Windböen, Schauer.* Was bedeuten diese Begriffe? Sprecht darüber.

Prima Klima

Wetter, so heißt das Thema, das bei Michelle und Sebastian zurzeit im Heimat- und Sachunterricht behandelt wird. Die beiden wollen zu diesem Thema einen Vortrag halten.
Im Internet stoßen sie auf die Seite „Prima Klima“ der homepage *www.kindernetz.de/infonetz*
Sie informieren sich in der Übersicht über mögliche Vortragsthemen.
Michelle wählt das Thema „Wettervorhersage“ aus.

Sebastian will die Internetseite nutzen,
um über die „Weltklimakonferenz“ zu berichten.

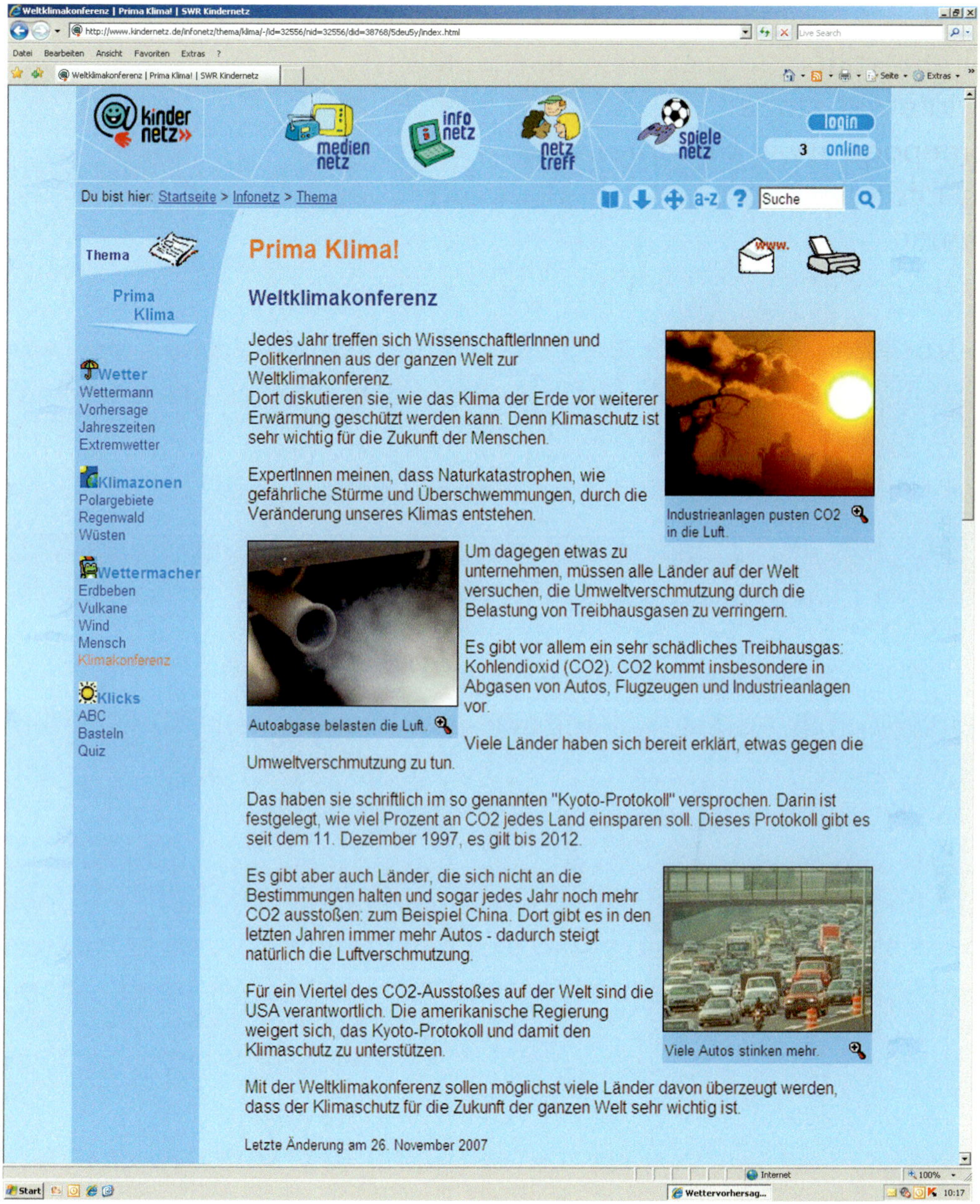

Du bist hier: Startseite > Infonetz > Thema

Thema

Prima Klima

Wetter
Wettermann
Vorhersage
Jahreszeiten
Extremwetter

Klimazonen
Polargebiete
Regenwald
Wüsten

Wettermacher
Erdbeben
Vulkane
Wind
Mensch
Klimakonferenz

Klicks
ABC
Basteln
Quiz

Prima Klima!

Weltklimakonferenz

Jedes Jahr treffen sich WissenschaftlerInnen und PolitkerInnen aus der ganzen Welt zur Weltklimakonferenz.
Dort diskutieren sie, wie das Klima der Erde vor weiterer Erwärmung geschützt werden kann. Denn Klimaschutz ist sehr wichtig für die Zukunft der Menschen.

Industrieanlagen pusten CO2 in die Luft.

ExpertInnen meinen, dass Naturkatastrophen, wie gefährliche Stürme und Überschwemmungen, durch die Veränderung unseres Klimas entstehen.

Autoabgase belasten die Luft.

Um dagegen etwas zu unternehmen, müssen alle Länder auf der Welt versuchen, die Umweltverschmutzung durch die Belastung von Treibhausgasen zu verringern.

Es gibt vor allem ein sehr schädliches Treibhausgas: Kohlendioxid (CO2). CO2 kommt insbesondere in Abgasen von Autos, Flugzeugen und Industrieanlagen vor.

Viele Länder haben sich bereit erklärt, etwas gegen die Umweltverschmutzung zu tun.

Das haben sie schriftlich im so genannten "Kyoto-Protokoll" versprochen. Darin ist festgelegt, wie viel Prozent an CO2 jedes Land einsparen soll. Dieses Protokoll gibt es seit dem 11. Dezember 1997, es gilt bis 2012.

Es gibt aber auch Länder, die sich nicht an die Bestimmungen halten und sogar jedes Jahr noch mehr CO2 ausstoßen: zum Beispiel China. Dort gibt es in den letzten Jahren immer mehr Autos - dadurch steigt natürlich die Luftverschmutzung.

Viele Autos stinken mehr.

Für ein Viertel des CO2-Ausstoßes auf der Welt sind die USA verantwortlich. Die amerikanische Regierung weigert sich, das Kyoto-Protokoll und damit den Klimaschutz zu unterstützen.

Mit der Weltklimakonferenz sollen möglichst viele Länder davon überzeugt werden, dass der Klimaschutz für die Zukunft der ganzen Welt sehr wichtig ist.

Letzte Änderung am 26. November 2007

1. Schreibe zu jedem Thema die fünf wichtigsten Stichpunkte heraus.

2. Nutze die Informationen der Internetseiten, um Quizfragen zum Thema *Wetter* zu finden.

Gewitter im Gebirge

Wolfgang Menzel

Natürlich hatten sie sich Regenzeug mitgenommen, als sie am Morgen losgewandert waren, Andrea, ihr Bruder Niklas und ihre Mutter. Aber dass es so schlimm kommen würde, hätten sie doch nicht gedacht. Als sie ihr Ferienhaus verließen, war wunderschönes Wetter. „Wir wandern auf den Berg dort oben“, hatte die Mutter gesagt und auf einen grauen Berg gezeigt. „Von dort hat man einen schönen Blick ins Tal. Und wenn wir Glück haben, können wir auch Murmeltiere sehen.“ Der Berg sah gar nicht so aus, als ob der Weg dort hinauf sehr weit sein würde. Aber dann war es doch anstrengend, und Niklas rutschte auch noch auf einem Stein aus und fing an zu heulen, weil er sich den Arm aufgeschürft hatte.

Als die drei oben angekommen waren, konnten sie unten den Weg erkennen, den sie heraufgewandert waren. Das war tatsächlich ein toller Blick. Ihr Ferienhaus war winzig klein von hier oben. Aber dann sahen sie ganz weit hinten auch schon die Wolken. Die Mutter sagte: „Ich glaube, wir müssen umkehren, damit wir vor dem Regen wieder zu Hause sind.“ Aber dazu war es schon zu spät, denn die Wolken kamen schneller, als sie es gedacht hatten. Und was sie dann sahen, hatten sie noch nie gesehen. Da zuckten doch tatsächlich Blitze in den Wolken unter ihnen. „Das gibt es doch nicht – Blitze, die unter uns sind und nicht über uns!“, sagte Andrea. Die Kinder sahen sich das Schauspiel an. Die Mutter sagte: „Wenn man im Flieger sitzt, kann man das öfter beobachten.“

Nach einiger Zeit kamen die Blitze immer näher, und plötzlich waren sie vor ihnen und überall um sie herum. Die Wolken flogen wie unheimliche Gespenster auf sie zu. Die Sonne war wie hinter einer Geisterwand verschwunden, und bald waren die drei in grauen Nebel eingehüllt. Die Mutter sagte: „Kommt schnell! Wir müssen uns irgendwo unterstellen!" Da fing es auch schon an zu regnen. Erst wurde es nur feucht wie im Nebel, dann fielen dickere Tropfen, und bald war es, als ob sie unter der Dusche stünden. Schnell wurden die Regensachen aus dem Rucksack geholt. Aber ehe sie sie übergezogen hatten, waren sie alle drei schon pitschnass. Ein kalter Wind peitschte ihnen die Tropfen ins Gesicht, und mit einem fürchterlichen Lärm krachte der Donner in ihren Ohren.

„Dort hinten ist ein Baum", schrie Andrea, „da können wir uns unterstellen!" Doch die Mutter rief nur: „Nein, das ist zu gefährlich!" Die drei liefen den Weg hinunter, den sie gekommen waren. Die Mutter nahm Niklas an der Hand, Andrea stolperte hinter den beiden her. „Dort unten habe ich vorhin eine Höhle gesehen. Kommt!", sagte die Mutter. Der Weg war kaum noch zu sehen, so finster war es. Es goss in Strömen. Niklas schrie vor Angst, als es wieder blitzte und donnerte. Doch dann fanden sie die Höhle tatsächlich. Eine richtige Höhle war es eigentlich nicht, nur so ein Mauervorsprung. Aber da konnten sich die drei unterstellen. Sie waren immerhin im Trocknen.

Es wäre fast gemütlich gewesen, wenn es nicht um sie herum so fürchterlich geblitzt und gekracht hätte. Der Regen lief an der Felswand herunter und bildete einen Vorhang vor dem Felsen, unter dem sie standen. Andrea drückte sich fest an die Felswand und Niklas hockte sich hinter seine Mutter. Der Wind heulte und pfiff, der Regen platschte und rauschte und der Lärm des Donners war so laut, dass man sich die Ohren zuhalten musste. Andrea hatte zu Hause immer gezählt, wenn es blitzte: Eins, zwei, drei ... Und wenn sie bis neun gezählt hatte und es dann erst donnerte, dann war das Gewitter noch drei Kilometer weit weg. Aber hier blitzte und donnerte es so dicht hintereinander, dass man gar nicht zum Zählen kam. Alle paar Sekunden krachte es um sie herum, und man hörte sogar die Blitze zischen. Andrea hatte sonst eigentlich keine Angst vor Gewitter, aber das hier war ihr dann doch unheimlich. Sie stand mit aufgerissenen Augen an die Felswand gelehnt und sah in das gespenstische Dunkel hinaus, und jedes Mal, wenn ein Blitz aufleuchtete, kniff sie die Augen zu.

„Das geht bald vorbei“, sagte die Mutter. Es sah aber so aus, als würde es niemals vorbeigehen. Doch nach und nach hörte es tatsächlich auf zu donnern. Es regnete zwar noch in Strömen, aber das Pfeifen des Windes nahm ab. Und dann hörte es auch auf zu regnen. Die Mutter trat hinaus auf den Weg und sagte: „Wer möchte ein Stück Schokolade?“ Na, das war ein Angebot! Andrea und Niklas ließen sich die Schokolade schmecken. Und dann sahen sie, dass hinter den aufgelösten Wolken die ersten Sonnenstrahlen durchkamen. „Passt auf, dass ihr nicht auf dem Hintern hinunterrutscht!“, sagte die Mutter. „Der Weg ist glatt wie Eis!“ Andrea ist auf dem Heimweg tatsächlich zweimal hingefallen und ein Stück gerutscht. Aber das war nicht mehr schlimm nach all dem Fürchterlichen, das hinter ihnen lag. Und als sie dann in einiger Entfernung auf einem kleinen Hügel ein Murmeltier stehen sahen, das Männchen machte, freuten sich alle drei. „Guckt mal!“, sagte Andrea „das freut sich auch, dass das Unwetter vorbei ist!“ Aber da war es schon wieder verschwunden.

Sonne kann auch gefährlich sein

Wir spielten am Strand der Nordsee.
Der Wind pustete uns in die Haare.
Er trieb uns manchmal den Sand in die Augen.
Aber die Sonne schien, und es war herrlich.

„Zieh dir ein T-Shirt über!“, sagte meine Mutter.
„Aber es ist doch so warm!“, sagte ich.
„Du bekommst einen Sonnenbrand“, sagte mein Vater.
„So warm ist es nun auch wieder nicht“, sagte ich.
Was die Eltern immer haben!

Am Abend hatte ich tatsächlich einen Sonnenbrand.
Der ganze Rücken und auch die Schultern waren feuerrot.
Meine Mutter cremte mich von oben bis unten ein.
Das kühlte zwar, aber es tat schrecklich weh.
„Ich habe dich gewarnt!“, sagte mein Vater.

„Die Sonne ist gut – aber auch gefährlich“, sagte meine Mutter.
„Man kriegt nämlich nicht nur einen Sonnenbrand,
sondern man kann auch Hautkrebs bekommen.
Und der ist wirklich so gefährlich, dass man davon sterben kann.“

Als wir am nächsten Tag wieder am Strand spielten,
zog ich mir ein T-Shirt über.
Ich wollte nicht noch mehr Sonnenbrand bekommen.
Aber vor allem wollte ich noch nicht sterben.
Eltern haben wohl doch manchmal recht!

Bücher von Erich Kästner

1 Welche Buchtitel kennst du? Erzähle.

2 Unter *www.kaestnerfuerkinder.net* findest du noch mehr Informationen.

Einen Autor kennenlernen

Lebenslauf: Erich Kästner

Name: Erich Kästner
Geburtsort: Dresden
Lebensdaten: 23. Februar 1899 bis 29. Juli 1974

Erich Kästner kam am 23. Februar 1899 in Dresden zur Welt. Dort besuchte er auch die Volksschule und später das Lehrerseminar, denn seine Eltern wollten gerne, dass einmal ein angesehener Lehrer aus ihrem Erich wird. Dafür mussten die Eltern sehr, sehr hart arbeiten. Der Vater Emil war Sattlermeister, er machte Taschen, Portmonees und Koffer aus Leder, und seine Frau Ida arbeitete als Friseuse.

Erich Kästner im Alter von etwa 8 Jahren

Kurz vor Ende des Ersten Weltkrieges musste Erich Kästner seine Ausbildung zum Lehrer unterbrechen und Soldat werden. Aber nach dem Ende des Krieges machte er sein Abitur nach und ein Stipendium erlaubte es ihm, an der Universität von Leipzig zu studieren. Er zog nach Berlin und wurde Journalist. Bald fing er an, Geschichten zu schreiben, zuerst für Kinder und dann auch für Erwachsene.
Erich Kästner setzte sich für die Demokratie und den Frieden ein und deshalb gefielen den Nationalsozialisten seine Bücher nicht: Sie ließen sein Werk 1933 verbrennen. Im Jahr 1942 erhielt Erich Kästner sogar totales Schreibverbot. Aber er schrieb unter anderem Namen einfach weiter und nach dem Krieg erhielt er dafür auch die längst verdienten Preise und Auszeichnungen.

„Als ich ein kleiner Junge war", so heißt das Buch von Erich Kästner, in dem er über seine Kindheit erzählt.

Das verhexte Telefon

Erich Kästner

Neulich waren bei Pauline
sieben Kinder zum Kaffee.
Und der Mutter taten schließlich
von dem Krach die Ohren weh.

Deshalb sagte sie: „Ich gehe.
Aber treibt es nicht zu toll.
Denn der Doktor hat verordnet,
dass ich mich nicht ärgern soll."

Doch kaum war sie aus dem Hause,
schrie die rote Grete schon:
„Kennt ihr meine neuste Mode?
Kommt mal mit ans Telefon."

Und sie rannten wie die Wilden
an den Schreibtisch des Papas.
Grete nahm das Telefonbuch,
blätterte darin und las.

Dann hob sie den Hörer runter,
gab die Nummer an und sprach:
„Ist dort der Herr Bürgermeister?
Ja? Das freut mich. Guten Tag!

Hier ist Störungsstelle Westen.
Ihre Leitung scheint gestört.
Und da wäre es am besten,
wenn man Sie mal sprechen hört.

Klingt ganz gut. Vor allen Dingen
bittet unsere Stelle Sie,
prüfungshalber was zu singen.
Irgendeine Melodie."

Und die Grete hielt den Hörer
allen sieben an das Ohr.
Denn der brave Bürgermeister
sang „Am Brunnen vor dem Tor“.

Weil sie schrecklich lachen mussten,
hängten sie den Hörer ein.
Dann trat Grete in Verbindung
mit Finanzminister Stein.

„Exzellenz, hier Störungsstelle.
Sagen Sie doch dreimal ‚Schrank‘.
Etwas lauter, Herr Minister!
’tschuldigung und besten Dank.“

Wieder mussten alle lachen.
Hertha schrie „Hurra!“ und dann
riefen sie von neuem lauter
sehr berühmte Männer an.

Von der Stadtbank der Direktor
sang zwei Strophen „Hänschen klein“.
Und der Intendant der Oper
knödelte die „Wacht am Rhein“.

Ach, sogar den Klassenlehrer
rief man an. Doch sagte der:
„Was für Unsinn! Störungsstelle?
Grete, Grete! Morgen mehr.“

Das fuhr allen in die Glieder.
Was geschah am Tage drauf!
Grete rief: „Wir tun’s nicht wieder.“
Doch er sagte: „Setzt euch nieder.
Was habt ihr im Rechnen auf?“

1 Lest das Gedicht reihum vor und spielt es in der Klasse.

2 Habt ihr auch schon Streiche gespielt? Erzählt.

Szenisch spielen
Sich an Gesprächen beteiligen

→ Theater-Werkstatt, Seite 174/175:
Einen Sketch entwickeln

Emil und die Detektive

Erich Kästner

Emil lebt mit seiner Mutter in Neustadt. Sie ist Friseurin und hat nicht viel Geld. In den Ferien darf Emil zu seiner Kusine Pony Hütchen und der Großmutter nach Berlin fahren. Für die Großmutter hat die Mutter Geld gespart, das Emil ihr überbringen soll. Damit es nicht gestohlen wird, steckt er es mit einer Nadel in seiner Jackentasche fest. Im Zug nach Berlin sitzt er allein im Abteil mit einem merkwürdigen Mann. Mit einem steifen Hut auf dem Kopf stellt dieser sich als Herr Grundeis vor. Emil will wach bleiben, da er sich vor dem Mann fürchtet. Doch bald schläft er so fest, dass er nicht bemerkt, wie Herr Grundeis ihn bestiehlt. Als er wach wird, ist der Mann fort. Am nächsten Haltebahnhof springt Emil aus dem Abteil und sieht Herrn Grundeis den Bahnhof verlassen. Der Mann nimmt die Straßenbahn und Emil schafft es, noch aufzusteigen. Als Herr Grundeis aussteigt und in ein Café geht, bleibt Emil ihm auf den Fersen. Da begegnet ihm Gustav mit der Hupe. Der beschließt, Emil bei der Jagd nach dem Dieb zu helfen, und trommelt die Detektive zusammen: den Professor, Krummbiegel, die Gebrüder Mittenzwey und viele andere Kinder …

„Los!“, sagte der Professor. Und schon rannten er, Emil, die Brüder Mittenzwey und Krummbiegel nach der Kaiserallee, als sollten sie den Weltrekord über hundert Yards brechen. Die letzten zehn Meter bis zur Zeitungsbude legten sie vorsichtig und im Schritt zurück, weil Gustav abwinkte.

„Zu spät?“, fragte Emil außer Atem.

„Bist du meschugge, Mensch?“, flüsterte Gustav.

„Wenn ich was mache, mach ich’s richtig.“

Der Dieb stand, auf der anderen Seite der Straße, vor dem Café Josty und betrachtete sich die Gegend, als wäre er in der Schweiz. Dann kaufte er einem Zeitungverkäufer ein Abendblatt ab und begann zu lesen.

„Wenn er jetzt hier rüberkommt, auf uns los, wird's eklig", meinte Krummbiegel.

Sie standen hinter dem Kiosk, drängten die Köpfe an der Wand vorbei und zitterten vor Spannung. Der Dieb nahm darauf nicht die mindeste Rücksicht, sondern blätterte mit bewundernswerter Ausdauer in seiner Zeitung.

„Der schielt sicher übern Rand weg, ob ihm jemand auflauert", taxierte Mittenzwey der Ältere.

„Hat er oft zu euch hergeblickt?", fragte der Professor.

„Nicht die Bohne, Mensch! Gefuttert hat er, als hätte er seit Tagen nischt gegessen."

„Achtung!", rief Emil.

Der Mann mit dem steifen Hut faltete die Zeitung wieder zusammen, musterte die Vorübergehenden, winkte dann, blitzartig, einer leeren Autodroschke[1], die an ihm vorbeifuhr. Das Auto hielt, der Mann stieg ein, das Auto fuhr weiter.

Doch da saßen die Jungen schon in einem andren Auto, und Gustav sagte zu dem Chauffeur: „Sehen Sie die Droschke, die jetzt zum Prager Platz einbiegt? Ja? Fahren Sie hinterher, Herr Chauffeur. Aber vorsichtig, dass er es nicht merkt."

Der Wagen zog an, überquerte die Kaiserallee und fuhr, in gemessenem Abstand, hinter der anderen Droschke her.

„Was ist denn los?", fragte der Chauffeur.

„Ach, Mensch, da hat einer was ausgefressen, und dem gehen wir nicht mehr von der Pelle", erklärte Gustav. „Aber das bleibt unter uns, verstanden?"

„Wie die Herren wünschen", antwortete der Chauffeur und fragte noch: „Habt ihr denn auch Geld?"

„Wofür halten Sie uns eigentlich?", rief der Professor vorwurfsvoll.

„Na, na", knurrte der Mann.

„IA 3733 ist seine Nummer", gab Emil bekannt.

„Sehr wichtig", meinte der Professor und notierte sich die Ziffer.

„Nicht zu nahe ran an den Kerl!", warnte Krummbiegel.

„Schon gut", murmelte der Chauffeur.

So ging es die Motzstraße entlang, über den Viktoria-Luise-Platz und die Motzstraße weiter. Ein paar Leute blieben auf den Fußstei-

[1] Droschke: ein altes Wort für Taxi

gen stehen, blickten dem Auto nach und lachten über die komische Herrenpartie.

„Ducken!“, flüsterte Gustav.

Die Jungen warfen sich zu Boden und lagen wie Kraut und Rüben durcheinander.

„Was gibt's denn?“, fragte der Professor.

„An der Lutherstraße ist rotes Licht, Mensch! Wir müssen gleich halten, und der andre Wagen kommt auch nicht rüber.“

Tatsächlich hielten beide Wagen und warteten hintereinander, bis das grüne Licht wieder aufleuchtete und die Durchfahrt freigab. Aber niemand konnte merken, dass die zweite Autodroschke besetzt war. Sie schien leer. Die Jungen duckten sich geradezu vorbildlich. Der Chauffeur drehte sich um, sah die Bescherung und musste lachen. Während der Weiterfahrt krochen sie vorsichtig wieder hoch.

„Wenn die Fahrt nur nicht zu lange dauert“, sagte der Professor und musterte die Taxameteruhr. „Der Spaß kostet schon 80 Pfennige.“

Die Fahrt war sogar sehr schnell zu Ende. Am Nollendorfplatz hielt die erste Autodroschke, direkt vor dem Hotel Kreid. Der zweite Wagen hatte rechtzeitig gebremst und wartete, außerhalb der Gefahrenzone, was nun werden würde. Der Mann im steifen Hut stieg aus, zahlte und verschwand im Hotel.

„Gustav, hinterher!“, rief der Professor nervös.

„Wenn das Ding zwei Ausgänge hat, ist er futsch.“

Gustav verschwand.

Dann stiegen die anderen Jungen aus. Emil zahlte. Es kostete eine Mark. Der Professor führte seine Leute rasch durch das eine Tor, das an einem Lichtspieltheater vorbei in einen großen Hof führt, der sich hinter dem Kino und dem Theater am Nollendorfplatz ausbreitet. Dann schickte er Krumbiegel vor, er möge Gustav abfangen.

„Wenn der Kerl in dem Hotel bleibt, haben wir Glück“, urteilte Emil. „Dieser Hof hier ist ja ein wundervolles Standquartier.“

„Mit allem Komfort der Neuzeit“, stimmte der Professor bei, „Untergrundbahnhof gegenüber, Anlagen zum Verstecken, Lokale zum Telefonieren. Besser geht's gar nicht.“

„Hoffentlich benimmt sich Gustav gerissen“, sagte Emil.
„Auf den ist Verlass“, antwortete Mittenzwey der Ältere. „Der ist gar nicht so ungeschickt, wie er aussieht.“
„Wenn er nur bald käme“, meinte der Professor und setzte sich auf einen Stuhl, der verlassen auf dem Hofe stand. Er sah aus wie Napoleon während der Schlacht bei Leipzig.
Und dann kam Gustav wieder. „Den hätten wir“, sagte er und rieb sich die Hände. „Er ist also richtig im Hotel abgestiegen. Ich sah, wie ihn der Boy im Lift hochfuhr. Einen zweiten Ausgang gibt's auch nicht. Ich habe mir die Bude von allen Seiten aus betrachtet. Wenn er nicht übers Dach davonwandert, ist er in der Falle.“

1. Lest die Geschichte mit verteilten Rollen.
2. Schreibe eine kurze Zusammenfassung von diesem Abschnitt der Geschichte.
3. Wie die Geschichte weitergeht, kannst du auf den Bildern auf den Seiten 88 und 89 sehen. Welches der Bilder passt zu diesem Abschnitt der Geschichte?
4. Schaut euch die Bilder an und erzählt die Geschichte weiter.
5. Das Bild zeigt den kleinen Dienstag. Welche Rolle übernimmt er wohl in der Geschichte?

Die Geschichte in den Filmen

Emil und Herr Grundeis

Emil ist es unheimlich, allein mit Herrn Grundeis im Abteil zu sitzen. Er hat Angst um das Geld, das er in seiner Jackentasche festgesteckt hat.
(Film von 2001)

Im Taxi

Zusammen mit Pony Hütchen und den Detektiven fährt Emil im Taxi hinter Herrn Grundeis her.
(Film von 2001)

Große Verfolgung

Gemeinsam heften sich die Detektive und viele andere Kinder an Herrn Grundeis' Fersen. Er soll das gestohlene Geld herausgeben.
(Film von 1931)

In der Bank

Herr Grundeis ist in eine Bank geflüchtet und will das Geld wechseln. Als Emil dem Kassierer von dem Diebstahl berichtet, versucht er erneut zu entwischen.
(Film von 1931)

Gefasst

Der Dieb hat keine Chance mehr zu entkommen.
(Film von 2001)

Auf der Polizeiwache

Herr Grundeis will sich rausreden. Aber Nadelstiche in den Scheinen sind der Beweis, dass er Emil das Geld gestohlen hat.
(Film von 1954)

→ Theater-Werkstatt, Seite 170/171:
Ein Standbild bauen

Vom Buch zum Film: Emil und die Detektive

Filme gibt es seit mehr als 100 Jahren – aber eben auch noch nicht länger. 1895 drehte Louis Lumière seinen ersten Film. Noch im selben Jahr fand auch die erste öffentliche Filmvorführung statt. Die ersten Kinos wurden ab 1900 in den großen Städten eröffnet.

Schon immer waren Geschichten aus Büchern die Vorlage für Filme. Und die Bücher, die viele Menschen besonders spannend und gelungen fanden, wurden oft mehr als einmal verfilmt. *Emil und die Detektive* ist so eine Geschichte, aus der schon einige Filme gemacht wurden. Erich Kästner schrieb sie 1929. Der Erfolg des Buches war so groß, dass man bereits 1931 einen Film daraus machte. Wie zu erwarten, war auch dieser ein Erfolg.

Die Möglichkeiten des Films waren 1931 noch begrenzt. Immerhin gab es schon den Tonfilm, die Bilder waren aber noch schwarz-weiß. Nur wenig später wurden die ersten Farbfilme gedreht. Doch nicht nur die Möglichkeiten des Films, sondern die ganze Welt veränderte sich. Aus Pferdekutschen wurden Autos, statt Telegramme zu verschicken wurde telefoniert. Und auch die Menschen, ihre Ansichten und Vorstellungen veränderten sich.

Die Geschichte *Emil und die Detektive* blieb: Ein Junge besucht seine Kusine, er wird bestohlen und bei der Suche nach dem Dieb erlebt er ein Abenteuer, das zu jeder Zeit stattfinden könnte. Und diese Geschichte hat jungen und alten Menschen zu jeder Zeit gefallen. Doch etwas änderte sich: die Bilder im Kopf der Leserinnen und Leser – denn sie lasen die Geschichte in ihrer Zeit.

Vielleicht ist *Emil und die Detektive* deshalb so oft verfilmt worden, insgesamt schon sieben Mal. Auf den Seiten 88 und 89 sind Bilder aus drei verschiedenen Filmen zu sehen: von 1931, 1954 und 2001. Sie zeigen deutlich, wie unterschiedlich Filme aussehen können, obwohl sie alle dieselbe Vorlage haben.

1 Vergleicht Emil und Herrn Grundeis in den drei Verfilmungen. Wie sehen sie aus? Wie wirken sie auf euch?

Aus dem Drehbuch zu dem Film von 1931

Billie Wilder, Erich Kästner

SCHALTERRAUM DER BANK:

396.
Grundeis steht, starrt noch auf die Tür, nimmt den Hut ab, wischt sich den Schweiß von der Stirn. Da ertönt die höfliche Frage des Kassierers:

„Bitte?"

Grundeis reißt sich zusammen, tritt an den Schalter.

397.
Durch die Türe kommt Emil. Die Mütze tief ins Gesicht geschoben. Er orientiert sich rasch.

398.
Grundeis steht an der Kasse, nimmt rasch und verstohlen das Geld aus dem steifen Hut, sagt zum Kassierer, atemlos, gehetzt:

„Ich möchte ... ich möchte ... äh ... wechseln Sie mir bitte 100 Mark!"

Der Kassierer nimmt die hundert Mark in die Hand. In diesem Augenblick drängt sich Emil vor:

„Herr Kassierer, einen Moment! Das Geld ist gestohlen!"

399.
Grundeis reißt den Kopf herum.
Emil reißt sich die Mütze vom Kopf. Sieht Grundeis herausfordernd an. Grundeis hat Emil erkannt. Macht für eine Sekunde ein verdutztes Gesicht. Dann hat er sich wieder in der Gewalt. Lächelt erkünstelt.

400.
Der Kassierer wendet sich an Emil:

„Was sagst du da, Kleiner?"

Emil schreit, dass alle Kunden und Beamten aufmerksam werden und zusammenlaufen:

„Das ist *mein* Geld! Er hat es mir gestohlen! 140 Mark ... In der Eisenbahn!"

→ Theater-Werkstatt, Seite 176: Wie ein Theaterstück entsteht

Rund ums Fahrrad

Radfahrschule in Wien

Radfahrenlernen heute

1 Schau dir die Bilder genau an. Suche die Unterschiede.

Aus der Geschichte des Fahrrades

Das erste Fahrrad baute im Jahre 1817 der Forstmeister Freiherr von Drais. Er baute es nur aus Holz. Es wurde nach ihm Draisine benannt. Das war ein zweirädriges Laufrad mit einem lenkbaren Vorderrad. Es war nicht gefedert und hatte auch keinen bequemen Sitz. Der Fahrer musste sich mit den Füßen vom Boden abstoßen. Er war schneller als ein Fußgänger.

Draisine, 1817

Hochrad, 1870

Im Jahre 1870 erfand man das Hochrad. Dieses Fahrrad hatte ein riesiges Vorderrad, so hoch wie der Rücken eines Pferdes. Das Aufsteigen und das Absteigen war gar nicht so einfach. Es drohte immer die Gefahr, sich beim Bremsen zu überschlagen.

Vor etwa 130 Jahren gab es das erste Fahrrad mit zwei gleich großen Rädern und einem Kettenantrieb. Die Räder hatten sogar besondere Reifen. Radfahren war nun viel bequemer. Diese Fortbewegung war weniger gefährlich als die Fahrt auf dem Hochrad.

Fahrrad mit Kettenantrieb, ab 1879

Und das Wichtigste am Fahrrad ist: Es benötigt kein Benzin.

Tour de France

Die Tour de France, die seit 1903 jeden Sommer durch Frankreich rollt, ist das schwierigste Radrennen der Welt. Die Tour war im Jahre 2008 in 21 Etappen aufgeteilt; die längste Etappe war 232 Kilometer lang. Die Streckenführung ist nicht jedes Jahr gleich. Sie führt auch nicht ausschließlich durch Frankreich. Etappenziele können auch Städte in den Nachbarländern sein. Wenn sich die Streckenführung auch von Jahr zu Jahr ändert, so bleibt doch Paris, die Hauptstadt Frankreichs, das Endziel. Das härteste Straßenrennen der Welt wird auch „Tour der Leiden“ genannt: 3390 Kilometer bei Sonne und Regen, auf Dorfstraßen mit Kopfsteinpflaster, mit hoher Geschwindigkeit durch enge Gassen und Kurven. Es gibt schwere Stürze, und einige Fahrer landen statt in Paris im Krankenhaus. Die größte Anforderung für die Fahrer sind jedoch die Bergetappen in den Pyrenäen mit fast 2000 m Höhe und in den Alpen. Während im Flachland im Windschatten anderer Fahrer das Herz eines Fahrers 130 mal pro Minute schlägt,

wird in den Bergen der Puls auf 180 Schläge hochgejagt. Gegessen wird bereits drei bis vier Stunden vor dem Start, zum Beispiel weich gekochte Nudeln, die leicht verdaut werden können, oder Bananen.
Ein ungeschriebenes Gesetz ist, dass auf der letzten Etappe nach Paris der Spitzenreiter nicht mehr angegriffen wird, sondern dass sich die Fahrer auf ihrer Fahrt durch die Hauptstadt von Millionen begeisterter Zuschauer feiern und bejubeln lassen.

1. In welcher Stadt Frankreichs endet die Tour de France jedes Mal?

2. Was essen Radrennfahrer?

3. Warum wird die Tour de France auch „Tour der Leiden" genannt?

Streckenführung 2008

Das Rad

Das Rad ist eine der wichtigsten Erfindungen des Menschen. Räder bewegen nicht nur Fahrzeuge, sie dienen in vielen Maschinen zum Übertragen von Kräften und Bewegungen. So helfen beispielsweise Wind- und Wasserräder bei der Energieerzeugung. Das Rad hat es den Menschen ermöglicht, sich schnell von einem Ort zum anderen zu bewegen und mit möglichst wenig Anstrengung große Lasten zu transportieren.

Bevor es Räder gab, wurden Steinblöcke und andere schwere Lasten auf Baumstämmen gerollt. Diese Bewegung war mühsam, zumal die Baumstämme immer wieder vor die Steinblöcke gelegt werden mussten.

Die ersten Räder waren vor etwa 5000 Jahren einfache Baumscheiben, die mit einer Achse verbunden waren. Es entstanden Ochsen- und Pferdekarren, die in der Landwirtschaft verwendet wurden. Eine Fahrt mit diesen Karren war sehr holprig, da zum einen die Scheiben nicht ganz rund und gleichmäßig waren, zum anderen keine Federung vorhanden war. Ein Fortschritt waren dann die Bretträder, bei denen mehrere Bretter zusammengenagelt wurden, die man danach rund ausschnitt.

Vor etwa 4000 Jahren entstanden die Speichenräder, die die Fahrzeuge leichter und beweglicher machten. Sie kamen zunächst bei Streitwagen für den Krieg zum Einsatz, erleichterten aber bald auch in der Landwirtschaft den Transport von Gütern. Lange Zeit waren Speichenräder aus Holz gefertigt – häufig mit einem Eisenring zum Stabilisieren versehen.
Um 1800 wurde das Drahtspeichenrad erfunden.

1. Stelle die Geschichte des Rades in einer Tabelle dar.

2. Wie würde der Alltag aussehen, wenn es das Rad nicht gäbe? Denke dir eine Geschichte dazu aus.

Geistesblitze

Weißt du, was Büroklammer, Pflaster, Klettverschluss und Mikrowelle gemeinsam haben? Sie alle wurden im letzten Jahrhundert erfunden und haben unseren Alltag modernisiert.

Dies sind einige Geistesblitze und ihr Geburtsjahr:

Büroklammer 1901
Teddybär 1902

Eiscreme-Tüte 1904
Elektrischer Herd 1910
Turnschuhe 1916
Verkehrsampel 1918
Pflaster 1921
Baby-Fertignahrung 1928
Waschmittel 1933

Kugelschreiber 1938
Klettverschluss 1941
Elektrische Gitarre 1948

Farbfernseher 1953
Frischhaltefolie 1953

Tiefkühlkost 1954
Fernbedienung 1956

Frisbee-Scheibe 1957
Wegwerfwindel 1960
Tastentelefon 1963

Mikrowelle 1967
Handy 1973
Walkman 1979

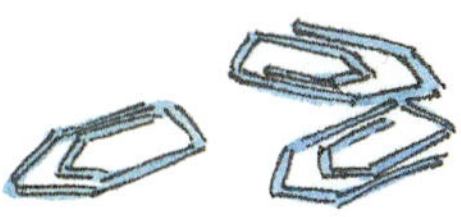

Rollerskates 1980
Compact Disc (CD) 1981/82

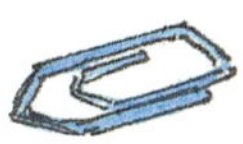

Web Browser 1993

1 Hast du dir schon einmal überlegt, dass alle Gegenstände irgendwann einmal erfunden worden sind? Von welchen Dingen würdest du gern wissen wann?

Die vier Brüder

Friedrich von Schiller

Vier Brüder geh'n Jahr aus, Jahr ein
Im ganzen Land ſpazieren;
Doch jeder kommt für ſich allein,
Uns Gaben zuzuführen.

Der Erſte kommt mit leichtem Sinn,
In reines Blau gehüllet,
Streut Knoſpen, Blätter, Blüten hin,
Die er mit Düften füllet.

Der Zweite tritt ſchon ernſter auf
Mit Sonnenſchein und Regen,
Streut Blumen aus in feinem Lauf,
Der Ernte reichen Segen.

Der Dritte naht mit Überfluß
Und füllet Küch' und Scheune,
Bringt uns zum ſüßeſten Genuß
Viel Äpfel, Nüß' und Weine.

Verdrießlich brauſt der Vierte her,
In Nacht und Graus gehüllet,
Sieht Feld und Wald und Wieſen leer,
Die er mit Schnee erfüllet.

Wer ſagt mir, wer die Brüder ſind,
Die ſo einander jagen?
Leicht rät ſie wohl ein jedes Kind,
Drum brauch' ich's nicht zu ſagen.

→ A . . . wie Anfang, Seite 11:
Der humorvolle Vogel

Frühling

D'Wiesn san no a weng baazig
und aa no net grad bsonders grün
d'Leut san oiwei no recht kaasig,
san halbert no im Winter drübn.

Trotzdem: D'Sonna scheint scho wärmer,
öfta waht a lauer Wind,
und mancher traut sich hemmatärme
scho auf d'Straßn auße gschwind.

Kniastrümpf derf da Franzi oziagn,
wenn er jetzt spazieren geht,
mit der Muatta und mit'n Vata
an de Sonntagnachmittäg.

Überall da treibt's und rührt ses:
in der Erdn, in de Bäum,
überall da wachsts und blüahts jetzt,
nix will mehr beim Altn bleibn

Zu eppas treibt's jetzt fast an jedn.
und der Bäckerlehrling Jo,
der sonst z'faul is fast zum Redn,
fangt sogar zum Dicht'n o.

Er dicht', wie er es öfters g'lesn,
von Liebe, Sehnsucht, Leid und Schmerz,
von einem vielgeliebten Wesen,
von Frühlingsrausch in seinem Herz.

Im Radio spuins Frühlingslieder,
im Garten liegt a gfärbtes Ei,
s'is jedes Jahr desselbe wieder
und jeds Jahr ist desselbe neu.

Masken und Verkleidung

Am Ende des Winters feiern viele Menschen Fastnacht, Fasching oder Karneval. Je nach Gegend werden diese Tage ganz unterschiedlich begangen. Überall jedoch verkleiden sich die Menschen, setzen Masken auf, tanzen und machen Lärm. In vielen Gegenden gibt es Umzüge durch die Straßen der Dörfer und Städte.

Viele Fastnachtsbräuche sind schon sehr alt. Früher glaubten die Menschen, dass die Masken sie vor bösen Geistern schützten oder ihnen sogar übernatürliche Kräfte verliehen. Sie sollten Krankheiten abwehren oder Regen und Sonnenschein herbeirufen. Dies war vor allem am Ende des Winters wichtig, damit endlich der Frühling kommen konnte. Die Masken sollten die Wintergeister vertreiben und das Leben zurückbringen.

Im Mittelalter verbreitete sich der Brauch, sich zu verkleiden. So konnte man in eine andere Rolle schlüpfen und die Obrigkeit verspotten, wurde dabei aber nicht erkannt. Vor Beginn der Fastenzeit konnten es die Menschen noch einmal so richtig toll treiben. Im Narrenkostüm erlauben sich die Menschen auch heute noch Dinge, die sie sonst wohl nicht täten.

1 Beantworte die Fragen zum Sachtext:
- Welche Bedeutung hatten die Masken?
- Warum wird Fastnacht am Ende des Winters gefeiert?
- Was ist reizvoll daran, sich zu verkleiden?

Raunächte

In vielen Orten Südbayerns und Österreichs gibt es in der Zeit vom 21. Dezember bis 6. Januar Raunachtumzüge. Bei Einbruch der Dunkelheit ziehen furchterregende Gestalten, oft mit Teufelsfratzen, durch die Straßen. Es sind Männer und Frauen, die sich mit zottigen Fellen und schaurig geschnitzten Masken verkleidet haben. Sie treiben wilde Späße, schreien und brüllen und erschrecken die Leute mit knorrigen Stöcken und Peitschen. Sie heißen Schratzl, Habergoaß, Zampermuatta, Rauwuzel oder Berchtlmuada.

Ähnlich wie die Faschingsumzüge beruht auch dieser Brauch auf dem Austreiben böser Geister. Man glaubte früher, dass die Nächte zwischen den Jahren besonders geheimnisvoll seien, dass in diesen Nächten sogar die Tiere sprechen könnten. In den Raunächten sollten auch böse Geister, sogenannte „Perchten" umherschleichen. Um sie zu vertreiben, gab man Weihrauch in glühende Kohle und räucherte damit die Kammern und Ställe aus. Von dem Wort Rauch ist wohl auch das Wort Raunächte abgeleitet. In manchen Gegenden (Südtirol, Osttirol) wurde auch ein Hut oder ein Kopftuch in den Rauch gehalten. Man hoffte, dass die Familie dadurch das Jahr über vor Kopfschmerzen sicher sei. Um die Perchten, die bösen Geister, zu besänftigen, stellt man auch Milch und Brot am Abend vor die Tür.

Der Zitronenfalter

Josef Guggenmos

Wenn der Schnee zerrinnt,
wenn der Frühling beginnt,
wenn die allerersten Veilchen blühn,
schwebt ein gelbes Ding
durch die Luft dahin,
wie eine Blume, so leuchtend und leicht:
ein Schmetterling.

Du siehst es
und freust dich
und wunderst dich sehr:
Der Zitronenfalter –
wo kommt er her?
Es hat gefroren,
es hat geschneit –
wo war er die lange Winterszeit?

Draußen im Wald,
in dem hohen Wald,
steht von Preiselbeerbüschen
ein winziger Wald.
In dem dichten Gezweig
saß er tief versteckt,
wochenlang von Schnee bedeckt,
von mir nicht, von dir nicht, von niemand entdeckt.

Steif und still,
still und steif
saß er und schlief;
kein Toter schläft tiefer,
so schlief er, so tief,
bis der Frühling kam,
der ihn rief.

Muttertags-Rap

Wolfgang Menzel

Ich sing' meiner Mama zum Muttertag
einen Rap, der soll sagen, wie sehr ich sie mag.
Ja, ich muss es laut singen, denn ich liebe sie sehr.
Ich weiß ja, sie hat es mit mir manchmal schwer.
Dann tob' ich und schrei ich und halt' nicht den Mund.
Dann schimpft meine Mama und macht mich gleich rund.
Doch ich ärgere mich nachher, und es tut mir auch Leid,
denn eigentlich mag ich ja auch keinen Streit.
Und wenn sie auch manchmal was sagt, was ich nicht fasse,
ich find' meine Mama doch echt große Klasse.

Die meiste Zeit könn' wir uns ehrlich gut leiden.
Nur manchmal, da sind wir nicht gut drauf, wir beiden.
Das Beste ist aber, wenn wir uns wieder vertragen
und uns gegenseitig nachher was ganz Nettes sagen,
und wir sind nicht mehr böse und lachen uns an,
weil keiner so gerne alleine sein kann.
In meinem Muttertags-Rap geb' ich der Mama zum Schluss
einen ganz lieben, dicken Muttertagskuss.
Und wenn sie mal wieder was sagt, was ich nicht fasse,
ich find' meine Mama doch echt große Klasse.

Und wenn ich mal weg bin, hab ich Heimweh nach ihr.
Dann krieg' ich das Heulen und ich schwitze und frier'.
Doch bin ich wieder da und sie nimmt mich in' Arm,
da bin ich echt froh und da wird mir ganz warm.
Dann kocht sie mir, was ich am liebsten mag,
das ist für mich dann wie ein Feiertag.
In meinem Muttertags-Rap geb' ich der Mama zum Schluss
einen ganz lieben, dicken Muttertagskuss.
Und wenn sie mal wieder was sagt, was ich nicht fasse,
ich find' meine Mama doch echt große Klasse.

Über die Erde

Martin Auer

Über die Erde
sollst du barfuß gehen.
Zieh die Schuhe aus,
Schuhe machen dich blind.
Du kannst doch den Weg
mit deinen Zehen sehen.
Auch das Wasser
und den Wind.

Sollst mit deinen Sohlen
die Steine berühren,
mit ganz nackter Haut.
Dann wirst du bald spüren,
dass dir die Erde vertraut.

Spür das nasse Gras
unter deinen Füßen
und den trockenen Staub.
Lass dir vom Moos
die Sohlen streicheln und küssen
und fühl
das Knistern im Laub.

Steig hinein,
steig hinein in den Bach
und lauf aufwärts
dem Wasser entgegen.
Halt dein Gesicht
unter den Wasserfall.
Und dann sollst du dich
in die Sonne legen.

Leg deine Wange an die Erde,
riech ihren Duft und spür,
wie aufsteigt aus ihr
eine ganz große Ruh'.
Und dann ist die Erde
ganz nah bei dir,
und du weißt:
Du bist ein Teil von Allem
und gehörst dazu.

Der Sommer schlägt die Federbälle

Josef Lichius

Der Sommer geht mit bloßen
Füßen über den heißen Asphalt
in der Stadt
auf ein Schwimmbad zu –

duckt sich
unter die Dusche
und springt ins Becken
vom Dreimeterbrett.

Der Sommer schlägt die Federbälle
hoch
über
die Liegewiese.

Im Regen

Rose Ausländer

Unter Kastanien im Park
sitz ich im Regen
er küsst die Blumen

Tanzt auf meinem Schirm
ich bleibe

Ich liebe die Kühle
des Sommers
den Kastanienschutz
die spielende Fontäne
des Regens Trauerlied

Sein Silberherz schlägt
an mein Herz

→ Gedichte-Werkstatt, Seite 163:
Der Regenbogen/Wolkenschimmel

Herr von Ribbeck auf Ribbeck im Havelland

Theodor Fontane

Herr von Ribbeck auf Ribbeck im Havelland,
Ein Birnbaum in seinem Garten stand,
Und kam die goldene Herbsteszeit
Und die Birnen leuchteten weit und breit,
Da stopfte, wenn's Mittag[1] vom Turme scholl,
Der von Ribbeck sich beide Taschen voll,
Und kam in Pantinen[2] ein Junge daher,
So rief er: „Junge, wiste 'ne Beer?"
Und kam ein Mädel, so rief er: „Lütt Dirn,
Kumm man röwer, ick hebb 'ne Birn."

So ging es viel Jahre, bis lobesam[3]
Der von Ribbeck auf Ribbeck zu sterben kam.
Er fühlte sein Ende. 's war Herbsteszeit,
Wieder lachten die Birnen weit und breit,
Da sagte von Ribbeck: „Ich scheide nun ab.
Legt mir eine Birne mit ins Grab."
Und drei Tage drauf, aus dem Doppeldachhaus,
Trugen von Ribbeck sie hinaus,
Alle Bauern und Büdner[4] mit Feiergesicht
Sangen „Jesus meine Zuversicht",
Und die Kinder klagten, das Herze schwer:
„He ist dod nu. Wer giwt uns nu 'ne Beer?"

So klagten die Kinder. Das war nicht recht,
Ach, sie kannten den alten Ribbeck schlecht,
Der *neue* freilich, der knausert und spart,
Hält Park und Birnbaum strenge verwahrt.
Aber der *alte*, vorahnend schon
Und voll Misstrauen gegen den eigenen Sohn,
Der wusste genau, was damals er tat,
Als um eine Birn' ins Grab er bat,
Und im dritten Jahr, aus dem stillen Haus
Ein Birnbaumsprössling sprosst heraus.

[1] . . . wenn's Mittag vom Turme scholl: die Mittagsglocke schellt
[2] Pantinen: Holzpantoffeln
[3] Herr von Ribbeck lobesam: der berühmte Herr von Ribbeck
[4] Büdner: die Tagelöhner aus den kleinen Hütten (Buden)

Nebelspruch

Ursula Wölfel

Nebel steht weiß,
streift dein Gesicht,
deckt dir das Eis,
frisst dir das Licht.

Geh nicht ins Feld,
läufst bald im Kreis!
Fremd ist die Welt –
Nebel steht weiß.

Novembertag

Christian Morgenstern

Nebel hängt wie Rauch ums Haus,
drängt die Welt nach innen;
ohne Not geht niemand aus;
alles fällt in Sinnen.

Leiser wird die Hand, der Mund,
stiller die Gebärde.
Heimlich, wie auf Meeresgrund,
träumen Mensch und Erde.

→ Gedichte-Werkstatt, Seite 166/167: November

Das Wunder

Marie Luise Kaschnitz

Don Crescenzo ist ein sehr reicher, alter Mann. Und er ist taub. Wenn man ihn bittet, aus seinem Leben zu erzählen, schreit er nicht, sondern spricht mit leiser Stimme. Er erzählt seine Geschichten gerne. Besonders die Geschichte von dem Weihnachtsfest, als er sieben Jahre alt war. Sie beginnt an dem Abend, als das Haus seiner Familie bei einem Bergrutsch weggerissen wurde.

Wir waren alle im Nachthemd, und das war es auch, was uns geblieben war, nachdem der Berg unser Haus ins Meer gerissen hatte, das Hemd auf dem Leibe, sonst nichts. Wir wurden von Verwandten aufgenommen, und andere Verwandte haben uns später das Grundstück gegeben, dasselbe, auf dem jetzt das Albergo steht. Meine Eltern haben dort, noch bevor der Winter kam, ein Haus gebaut. Mein Vater hat die Maurerarbeiten gemacht, und meine Mutter hat ihm die Ziegel in Säcken den Abhang hinuntergeschleppt. Sie war klein und schwach, und wenn sie glaubte, dass niemand in der Nähe sei, setzte sie sich einen Augenblick auf die Treppe und seufzte, und die Tränen liefen ihr über das Gesicht. Gegen Ende des Jahres war das Haus fertig, und wir schliefen auf dem Fußboden, in Decken gewickelt, und froren sehr. […]
Dann kam Weihnachten, und an diesem Tage war mir so traurig zumute, wie in meinem ganzen Leben nicht. Mein Vater war Arzt, aber einer von denen, die keine Rechnungen schreiben. Er ging hin und behandelte die Leute, und wenn sie fragten, was sie ihm schuldig seien, sagte er, zuerst müssten sie die Arzneien kaufen und dann das Fleisch für die Suppe, und dann wolle er ihnen sagen, wie viel. Aber er sagte es nie. Er kannte die Leute hier sehr gut und wusste, dass sie kein Geld hatten. Er brachte es einfach nicht fertig, sie zu drängen, auch damals nicht, als wir alles verloren hatten und die

letzten Ersparnisse durch den Hausbau aufgezehrt waren. Er versuchte es einmal, kurz vor Weihnachten, an dem Tage, an dem wir unser letztes Holz im Herd verbrannten. An diesem Abend brachte meine Mutter einen Stoß weißer Zettel nach Hause und legte sie vor meinen Vater hin, und dann nannte sie ihm eine Reihe von Namen, und mein Vater schrieb die Namen auf die Zettel und jedesmal ein paar Zahlen dazu. Aber als er damit fertig war, stand er auf und warf die Zettel in das Herdfeuer, das gerade am Ausgehen war. Das Feuer flackerte sehr schön, und ich freute mich darüber, aber meine Mutter fuhr zusammen und sah meinen Vater traurig und zornig an. So kam es, dass wir am vierundzwanzigsten Dezember kein Holz mehr hatten, kein Essen und keine Kleider, die anständig genug gewesen wären, damit in die Kirche zu gehen. Ich glaube nicht, dass meine Eltern sich darüber viel Gedanken machten. Erwachsene, denen so etwas geschieht, sind gewiss der Überzeugung, dass es ihnen schon einmal wieder besser gehen wird, und dass sie dann essen und trinken und Gott loben können, wie sie es so oft getan haben im Laufe der Zeit. Aber für ein Kind ist das etwas ganz anderes. Ein Kind sitzt da und wartet auf das Wunder, und wenn das Wunder nicht kommt, ist alles aus und vorbei … […]

Aber in der Christnacht, die auf den Bergsturz folgte, war es in unserem Hause furchtbar still. Es brannte kein Feuer, und darum blieb ich so lange wie möglich draußen, weil es dort immer noch ein wenig wärmer war als drinnen. Ich saß auf den Stufen und sah zur Straße hinauf, wo die Leute vorübergingen und wo die Wagen mit ihren schwachen Öllämpchen auftauchten und wieder verschwanden. Es war eine Menge Leute unterwegs, Bauern, die mit ihren Familien in die Kirche fuhren, und andere, die noch etwas zu verkaufen hatten, Eier und lebendige Hühner und Wein. Als ich da saß, konnte ich das Gegacker der Hühner hören und das lustige Schwatzen der Kinder, die einander erzählten, was sie alles erleben würden heute Nacht. Ich sah jedem Wagen nach, bis er in dem dunklen Loch des Tunnels verschwand, und dann wandte ich den Kopf wieder und schaute nach einem neuen Fuhrwerk aus; als es auf der Straße stiller wurde, dachte ich, das Fest müsse begonnen haben, und ich würde nun etwas vernehmen von dem Knattern der Raketen und den Schreien der Begeisterung und des Glücks. Aber ich hörte nichts als die Geräusche des Meeres, das gegen die Felsen klatschte, und die Stimme meiner Mutter, die betete und mich aufforderte, einzustimmen in die Litanei. Ich tat es schließlich, aber ganz mechanisch und mit verstocktem Gemüt. Ich war sehr hungrig und wollte mein Essen haben, Fleisch und Süßes und Wein. Aber vorher wollte ich mein Fest haben, mein schönes Fest …

Und dann auf einmal veränderte sich alles auf eine unfassbare Art. Die Schritte auf der Straße gingen nicht mehr vorüber, und die Fahrzeuge hielten an. Im Schein der Lampen sahen wir einen prallen Sack, der in unseren Garten geworfen, und hochgepackte Körbe, die an den Rand der Straße gestellt wurden. Eine Ladung Holz und Reisig rutschte die Stufen herunter, und als ich mich vorsichtig die Treppe hinauftastete, fand ich auf dem niederen Mäuerchen, auf Tellern und Schüsseln Eier, Hühner und Fisch. Es dauerte eine ganze Weile, bis die geheimnisvollen Geräusche zum Schweigen kamen und wir nachsehen konnten, wie reich wir mit einem Male waren. Da ging meine Mutter in die Küche und machte Feuer an, und ich stand draußen und sog inbrünstig den Duft in mich ein, der bei der Verbindung von heißem Öl, Zwiebeln, gehacktem Hühnerfleisch und Rosmarin entsteht.

Ich wusste in diesem Augenblick nicht, was meine Eltern schon ahnen mochten, nämlich, dass die Patienten meines Vaters, diese alten Schuldner, sich abgesprochen hatten, ihm Freude zu machen auf diese Art. Für mich fiel alles vom Himmel, die Eier und das Fleisch, das Licht der Kerzen, das Herdfeuer und der schöne Kittel, den ich mir aus einem Packen Kleider hervorwühlte und so schnell wie möglich überzog. Lauf, sagte meine Mutter, und ich lief die Straße hinunter und durch den langen, finsteren Tunnel, an dessen Ende es schon glühte und funkelte von buntem Licht. Als ich in die Stadt kam, sah ich schon von weitem den roten und goldenen Baldachin, unter dem der Bischof die steile Treppe hinaufgetragen wurde. Ich hörte die Trommeln und die Pauken und das Evvivageschrei[1] und brüllte aus Leibeskräften mit. Und dann fingen die großen Glocken in ihrem offenen Turm an zu schwingen und zu dröhnen.

[1] Evviva!: Lebe hoch! (italienischer Hochruf)

Weihnachten

Joseph Freiherr von Eichendorff

Markt und Straßen stehn verlassen,
Still erleuchtet jedes Haus,
Sinnend geh' ich durch die Gassen,
Alles sieht so festlich aus.

An den Fenstern haben Frauen
Buntes Spielzeug fromm geschmückt,
Tausend Kindlein stehn und schauen,
Sind so wunderstill beglückt.

Und ich wandre aus den Mauern
Bis hinaus ins freie Feld,
Hehres Glänzen, heil'ges Schauern!
Wie so weit und still die Welt!

Sterne hoch die Kreise schlingen,
Aus des Schnees Einsamkeit
Steigt's wie wunderbares Singen –
O du gnadenreiche Zeit!

Die heil'gen drei Könige

Heinrich Heine

Die heil'gen drei Könige aus Morgenland,
Sie frugen in jedem Städtchen:
Wo geht der Weg nach Bethlehem,
Ihr lieben Buben und Mädchen?

Die Jungen und Alten, sie wussten es nicht,
Die Könige zogen weiter;
Sie folgten einem goldenen Stern,
Der leuchtete lieblich und heiter.

Der Stern blieb stehn über Josephs Haus,
Da sind sie hineingegangen;
Das Öchslein brüllte, das Kindlein schrie,
Die heil'gen drei Könige sangen.

Von Heldentaten

Mutiges Eingreifen zweier Kinder verhindert Schlimmeres!

Ein neuer Fußballheld ist geboren

Mann rettet Kind vor dem Ertrinken

Es gibt keine Helden mehr!

1. Was hat der Drachenkampf mit den Schlagzeilen zu tun?

2. Sprecht über die Schlagzeilen.

3. Erfinde selbst eine Schlagzeile und schreibe den Zeitungsartikel dazu.

Heldengeschichten

Spannende und aufregende Geschichten in Büchern und Filmen enthalten oft Ideen oder Themen, die schon in den ältesten Erzählungen unserer Kultur vorkommen, den Sagen und Mythen[1] und den Geschichten aus der Bibel.

In diesen Geschichten, die zum Teil schon älter als 2000 Jahre sind, ist ein wichtiges Thema der Kampf gegen das Böse. Meist war das ein Ungeheuer in Tier- oder Menschengestalt, wie zum Beispiel ein Drache, ein Riese oder ein anderes Fantasiewesen.

Wer das Ungeheuer im Kampf bezwingen und dadurch Menschenleben retten konnte, war ein Held und erntete Ruhm.

Früher war es in der Regel so, dass nur Männer solche gewaltigen Kämpfer sein konnten. Aber es gibt auch alte Geschichten von Heldinnen, die außergewöhnliche Taten vollbrachten. Sie fanden jedoch andere Wege, um das Böse zu besiegen. Dazu gehörte nämlich schon immer etwas mehr oder auch etwas anderes als körperliche Kraft und Geschicklichkeit.

1. Kennst du Bücher, Filme oder Geschichten, die von Helden und Heldentaten handeln?

2. In den Sprechblasen wird der Begriff „Held“ erklärt. Nimm zu den Aussagen Stellung. Erkläre den Begriff „Held“.

3. Hast du einen „persönlichen“ Helden? Erzähle den anderen davon.

[1] Mythos ist ein altgriechisches Wort und bedeutet „Wort“, „Rede“, „Erzählung“.

Zu Texten Stellung nehmen

Der Kampf mit dem Drachen

Willi Fährmann

Siegfried von Xanten war ein junger Königssohn mit unvergleichlich großer Körperkraft. Schon bald wagte niemand mehr, ihn zum Kampf herauszufordern, da er immer der Sieger blieb. Als er König werden sollte, wollte er lieber in die Welt ziehen, um Abenteuer zu erleben.

Zuerst begann er eine Lehre bei dem Schmiedemeister Mime. Dort bewies er seine enorme Kraft, indem er mit einem einzigen Hammerschlag den Amboss in den Boden schlug. Mime befürchtete, dass Siegfried ihm schaden könnte; er brütete einen Plan aus, um ihn möglichst schnell wieder loszuwerden.

Am nächsten Morgen tat Mime sehr freundlich und gab Siegfried den Auftrag, weit in den Wald hineinzugehen. Er sollte dort einen Kohlenmeiler bauen und die Holzkohlen für das Schmiedefeuer brennen.

Mime wusste, dass tief im Walde der schreckliche Drache Fafner hauste. Dieser tötete jedes Lebewesen, das sich in seine Nähe wagte. Schon mancher tapfere Ritter hatte gegen den Drachen gekämpft und sein Leben lassen müssen. Deshalb machten die Menschen einen großen Bogen um Fafners Wald. Und genau dorthin gelangte Siegfried, wie Mime ihm befohlen hatte.

Siegfried schwang die Axt und fällte dicke Buchen. Er trug einen gewaltigen Berg Holz zusammen, baute einen Meiler und zündete ihn an.

Da schoss der Drache aus seiner Höhle. Fürchterlich war er anzusehen.

Schwefelrauch quoll aus seinen Nüstern. Er hob seine gewaltigen Pranken, riss das Maul auf und stieß ein Fauchen und Grollen hervor.

Siegfried zerrte einen glühenden Baumstamm aus dem Meiler und rammte dem Drachen das Holz tief in den Schlund. Das Untier heulte vor Schmerz auf und verfolgte Siegfried. Der aber lief rund

um den Meiler herum. Blind vor Wut wollte der Drache ihn packen. Er versuchte über den Meiler zu springen. Da stieß Siegfried noch einmal mit dem Baumstamm zu. Der Drache stürzte in das Feuer und verbrannte. Seine Hornhaut schmolz in der großen Hitze und quoll in breitem Strom aus dem Feuer heraus.
Ein kleiner Vogel begann zu zwitschern. Siegfried verstand, was er sang.

„Tauch ein, tauch ein
ins Drachenblut.
Tut gut, tut gut.
Die Haut wird sein
so hart wie Stein,
so hart, so hart
wie Marmelstein."

Da badete Siegfried im Blute des Drachen. Seine Haut wurde so undurchdringlich wie ein Drachenpanzer.
Ein Lindenblatt aber war vom Baum gefallen und hatte sich zwischen Siegfrieds Schulterblätter gelegt. Diese Stelle konnte nicht von der Hornhaut überzogen werden. Dies blieb der einzig verwundbare Teil seines Leibes.

Wegen dieser Stelle verlor Siegfried später sein Leben.
Aber das ist eine andere Geschichte, die ihr in dem Buch
„Siegfried von Xanten" von Willi Fährmann nachlesen könnt.

1. In dem Text kommen drei Namen vor:
   Siegfried, Mime und Fafner.
   Wer waren diese drei?
   Zur Beantwortung dieser Fragen musst du auch
   die Einleitung lesen.

2. Siegfried wurde durch das Blut des Drachens
   unverwundbar – bis auf eine Stelle.
   Welche Stelle war das?

→ A . . . wie Anfang, Seite 21:
Die letzten Drachen: Komodo-Warane
→ Geschichten-Werkstatt, Seite 152/153:
Eine Sage erzählen

Theseus und Minotaurus

Unbekannter Autor

Auf Kreta herrschte Minos als mächtiger König. Es wurde erzählt, dass sein Sohn bei einem Besuch auf dem Festland durch Hinterlist ermordet worden war. Minos rächte sich dafür mit einem langen und grausamen Krieg gegen Athen. Den Athenern ging es seitdem sehr schlecht. Da befragten sie, wie es zu jener Zeit üblich war, das Orakel[1] um den Rat der Götter und erhielten diese Antwort:

Die Leiden der Athener würden aufhören, wenn sie Minos besänftigten und seine Verzeihung erlangen könnten.

Die Athener wandten sich darauf an Minos und baten um Frieden. Den erhielten sie unter dieser Bedingung: Als Tribut[2] mussten sie alle neun Jahre sieben Jünglinge und sieben Jungfrauen nach Kreta schicken. Die wurden dann von Minos in sein berühmtes Labyrinth eingeschlossen. Aus diesem Irrgarten konnte niemand ohne Hilfe wieder hinausfinden. Im Labyrinth wartete der fürchterliche Minotaurus auf seine Opfer. Das war ein Zwitterwesen, halb Stier, halb Mensch, und riesengroß.

Schon zweimal war das schreckliche Los auf vierzehn junge Menschen aus Athen gefallen.

Als nun der Tag des Tributs zum dritten Mal herannahte, herrschte große Trauer, aber auch Wut in Athen. Die Menschen versammelten sich und klagten laut darüber, dass sie ohne Schuld ihre Söhne und Töchter verlieren sollten.

König Aigeus von Athen hatte selbst einen Sohn, Theseus. Der war inzwischen erwachsen und ein besonders starker, kluger und mutiger junger Mann. Das Unglück der Athener schmerzte ihn sehr. Er bat seinen Vater, ihn freiwillig mit auf die Liste der jungen Leute zu setzen, die nach Kreta zu Minos in das Labyrinth geschickt werden sollten.

Aigeus war damit gar nicht einverstanden.

Warum fand König Aigeus diesen Plan nicht gut?

[1] Das Orakel sagte die Zukunft voraus und gab Auskunft über den Willen der Götter.
[2] Tribut ist eine freiwillige oder erzwungene Abgabe an eine stärkere Macht.

Aber Theseus gab nicht nach, sondern bestieg mit den ausgelosten Jungen und Mädchen das Schiff nach Kreta. Er wollte den Minotaurus bezwingen.

Als Theseus in Kreta vor Minos stand, erblickte ihn Ariadne, die schöne Tochter des Königs. Sie verliebte sich sofort in ihn. Heimlich traf sie sich mit Theseus, gestand ihm ihre Liebe und schenkte ihm ein Knäuel Garn.
Das Ende des Fadens sollte er am Eingang des Labyrinths befestigen und das Knäuel auf dem Weg ausrollen bis zu der Stelle, wo der grässliche Minotaurus lauerte. Zugleich gab sie Theseus ein Zauberschwert, mit dem er das Ungeheuer töten könnte.
Als Theseus mit den Mädchen und Jünglingen ins Labyrinth kam, band er den Faden am Eingang fest und machte sich auf den Weg durch die verwirrenden Irrgänge. Noch bevor er dem Minotaurus begegnete, hörte er sein entsetzliches Brüllen. Und als er vor dem Untier stand, war es fürchterlicher, als er es sich in seinen schlimmsten Träumen ausgemalt hatte. Es war ein drei Meter hohes Wesen in Gestalt eines massigen Mannes mit gewaltigen Muskeln, bewachsen mit einem kurzen, dichten braunen Fell. Das Wesen hatte ein menschenähnliches Gesicht mit bösen roten Augen, riesigen stumpfen Zähnen und ledernen Lippen. Aus seinem Kopf wuchsen zwei gewaltige Hörner hervor. Es hatte scharfe Hufe und seine Hände waren riesig und hart wie Horn.
Das Ungeheuer senkte den Kopf, um Theseus anzugreifen. Der sprang in die Luft, ergriff die Hörner und schwang sich daran auf den Kopf des Untiers. Der Minotaurus brüllte vor Wut und schüttelte sich. Doch Theseus ließ die Hörner nicht los. Da ballte der Minotaurus die gewaltige Faust und schlug sich mit aller Kraft auf den Kopf, um Theseus wie einen Käfer zu zermalmen.
Genau das aber hatte Theseus erwartet.
Blitzschnell sprang er vom Kopf des Ungeheuers. Von der Wucht seines eigenen Schlags getroffen, fiel der Minotaurus um und Theseus erstach ihn mit dem Schwert.

Der abgewickelte Faden half Theseus, mit seinen Gefährtinnen und Gefährten den Weg zurück durch die Gänge des Labyrinths bis zum Ausgang wiederzufinden. Dann floh er aus Kreta – und Ariadne mit ihm.

1 Das Labyrinth des Minotaurus wurde an vielen Stellen der Welt nachgebaut. Hier ist ein Nachbau zu sehen. Man vermutet, dass in der Mitte des Labyrinths der Kampf mit Theseus stattgefunden hat. Stelle dir vor, du bist in der Mitte des Irrgartens. Versuche mit den Augen, auf einem der gelben Wege den Ausgang zu finden.

David und Goliat

Thomas Erne/Ulises Wensell

Als Saul König in Israel war, lebten die Israeliten schon viele Jahre in Kanaan, dem verheißenen Land. Wieder einmal gab es Krieg mit den Nachbarn, den Philistern. Die Philister aber hatten Goliat in ihren Reihen. Der war riesengroß und riesenstark. Sein Helm und seine Rüstung wogen viele Zentner. Seine Lanze war groß wie ein Schiffsmast. Jeden Tag trat Goliat vor die Reihen der Philister, drohte mit seiner Lanze und schrie hinüber zu den Israeliten: „Komm einer von euch her und kämpfe mit mir! Wenn er gewinnt, werden wir eure Sklaven. Wenn ich gewinne, werdet ihr unsere Sklaven. Hört ihr mich? Ich fordere euch alle heraus!“ Aber Saul und seine Soldaten zitterten vor Angst.

In Bethlehem wohnte ein Mann, der hatte acht Söhne. Der jüngste hieß David und hütete daheim die Herde seines Vaters. Davids Brüder waren mit Saul in den Krieg gezogen. Deshalb sagte der Vater zu David: „Geh und schau nach deinen Brüdern. Bring ihnen diese Brote und diesen Käse und berichte mir, ob es ihnen gut geht.“

Als David bei den Soldaten ankam, standen sich die beiden Heere gerade gegenüber. Wieder verspottete Goliat die Israeliten. David ging zu seinen Brüdern und brachte ihnen die Brote. „Warum lasst ihr euch das gefallen?“, fragte er. „Du hast doch keine Ahnung“, antworteten die Brüder. Aber David ließ nicht locker: „Was bekomme ich, wenn ich Goliat besiege?“ Da lachten die Soldaten: „Du bekommst die Tochter des Königs zur Frau.“

David eilte zu König Saul: „Lass mich mit dem Philister kämpfen“, bat er. Doch Saul wehrte ab: „Du bist beinahe noch ein Kind.“ „Ich habe schon oft gekämpft“, antwortete David, „gegen Löwen und Bären, die mir ein Schaf raubten. Gott hat mich vor ihren Krallen beschützt. Er wird mir auch gegen den Philister helfen.“ „Also gut“, sagte Saul. „Kämpfe mit ihm! Gott wird dir beistehen.“

Saul gab David seine eigene Rüstung. Aber Helm und Brustpanzer waren viel zu schwer. David konnte damit kaum gehen. Er zog alles wieder aus, nahm nur seinen Hirtenstock und seine Schleuder. Am Fluss suchte er sich fünf glatte Kieselsteine. Die steckte er in seine Hirtentasche. Mit Schleuder und Stab bewaffnet, ging er Goliat entgegen.

Als Goliat ihn sah, brüllte er vor Lachen: „Was willst du mit deinem Stock? Meinst du, mich könnte man verjagen wie einen Hund?“ „Gott braucht keine Schwerter und Spieße, um sein Volk zu retten“, antwortete David.

Geschickt griff er in die Tasche, nahm einen Stein, eilte Goliat entgegen, schleuderte den Stein und traf den Riesen mitten auf die Stirn. Goliat brach tot zusammen. Da ging ein Jubelschrei durch Israels Heer, die Philister aber flohen in wilder Panik.

1. David fragt seine Brüder, warum sie sich von Goliat verspotten lassen (Zeile 29). Was denkst du?

2. Warum fühlt sich David so sicher? Suche die Stelle im Text.

3. Die Philister hatten plötzlich große Angst. Warum?

4. Weißt du, wie es mit David weiterging?
Du kannst die Fortsetzung in einer Kinderbibel nachlesen.

Unser Land in Europa

Europa

1 Was kennst du hier? Erzähle.

Stonehenge

Im Süden Englands liegt die Steinringanlage Stonehenge. Die Steinkreise wurden vermutlich in drei Bauphasen in der Zeit von 3000 bis 1000 vor Christus errichtet. Man glaubt, dass die Kreise als Tempel und Begräbnisstätte dienten.

Wälder und Wisente

Im Osten Polens gibt es noch große Gebiete unberührter Natur. Der Urwald im Bialowieza-Nationalpark steht schon seit Jahrzehnten unter Naturschutz. Hier leben viele seltene Pflanzen und Tiere, wie Wisente, Wölfe und Schwarzstörche.

Windmühlen

Die Windmühlen in den Niederlanden waren Wassermühlen. Mit ihnen entwässerten die Menschen das Land, damit sie es bepflanzen und ihre Tiere weiden konnten. Heute sind in vielen Windmühlen Museen.

Alhambra bei Granada

Im Mittelalter lebten Araber in Spanien. Sie erbauten eine der imposantesten Burganlagen der Welt, die Alhambra. Hinter ihren schlichten Mauern liegen kunstvolle Gebäude und prächtige Gärten. Dort lebten die Sultane mit ihrem Hof wie in einer Stadt.

Riesenrad im Prater

Das bekannteste Wahrzeichen der Stadt Wien ist das Riesenrad. Es wurde 1897 erbaut und steht im Prater, einem großen Stadtpark. Bei einer Rundfahrt hat man eine schöne Aussicht über Wien.

Schiefer Turm von Pisa

Im Jahr 1173 begann man mit dem Bau des Turmes, der als freistehender Glockenturm für den Dom von Pisa geplant war. Schon als das dritte Stockwerk fertig war, war der Boden abgesunken und der Turm schief. Spätere Maßnahmen änderten daran nichts.

Budapester heiße Quellen

Die Stadt Budapest an der Donau ist bekannt für ihre heißen Quellen. Manche sprudeln mit fast 100 °C aus dem Boden. Schon die Römer und später die Türken nutzten die Heilkraft der Quellen in ihren Badehäusern. Heute gibt es in der Stadt etwa 50 Bäder.

Woher kommt der Name Europa?

Nach einer alten Sage lebte vor über 3000 Jahren der König Agenor in Phönizien. Das ist ein Land in Asien. Er hatte eine schöne Tochter, die hieß Europa. Eines Tages tanzte Europa fröhlich mit ihren Freundinnen auf einer Wiese nahe am Meer. Der Göttervater Zeus beobachtete sie dabei. Er fand sie so schön, dass er sich in sie verliebte. Zeus verwandelte sich in einen herrlichen Stier. Friedlich lief er zu den spielenden Mädchen. Übermütig setzte sich Europa auf den Rücken des Tieres. Beide tollten herum. Der Stier ließ sich das gern gefallen. Er nutzte die Gelegenheit und lief mit dem Mädchen davon. Er stürzte sich ins Meer und floh mit ihr bis nach Kreta. Dort nahm der Gott Zeus Europa zur Frau. Seither heißt dieser Teil der Welt Europa.

1. Gestaltet ein Plakat mit den wichtigsten Informationen aus der Sage.

2. Welche anderen Sagen kennst du?

Texte für die Veröffentlichung aufbereiten

→ Geschichten-Werkstatt, Seite 152/153: Eine Sage erzählen

Gemeinsam für den Frieden

Nach dem Zweiten Weltkrieg beschlossen einige Länder in Europa, dass sie nie wieder gegeneinander arbeiten wollten.
Um dauerhaft den Frieden in Europa zu sichern, schlossen sich diese Länder zusammen: Belgien, Deutschland, Frankreich, Italien, Luxemburg und die Niederlande. Sie gründeten 1957 die Europäische Wirtschaftsgemeinschaft.
Daraus entstand allmählich die heutige Europäische Union (EU). Schrittweise traten der Gemeinschaft immer mehr europäische Länder bei. Viele Bereiche der Politik wurden gemeinsam geregelt. Im Jahr 2004 beschlossen die Mitglieder sogar, eine gemeinsame Verfassung einzuführen. Mittlerweile gehören 27 Länder zur Europäischen Union. In den nächsten Jahren sollen weitere Länder hinzukommen.

1 Welche Länder traten seit 2004 der EU bei?
Schaut euch dazu die Karte genau an.

Gezielt Informationen suchen

→ Die Welt um uns herum, Seite 64:
Es war einmal ein Dorf . . .

Der Euro

Im Januar 2002 wurde eine neue Währung eingeführt: der Euro. Doch nicht alle 27 Länder der Europäischen Union haben den Euro. „Euroland“ besteht aus 15 Ländern: Belgien, Deutschland, Finnland, Frankreich, Griechenland, Irland, Italien, Luxemburg, den Niederlanden, Österreich, Portugal, Spanien, Slowenien, der Slowakei und Malta. Wenn man heute in eines dieser Länder reist, ist es nicht mehr notwendig, Geld umzutauschen. Wie zu Hause kann man dort mit Euromünzen und Euroscheinen bezahlen.
Es gibt acht Euromünzen mit unterschiedlichen Werten: 2 und 1 Euro, 50, 20, 10, 5, 2 und 1 Eurocent. Sie wurden von dem Belgier Luc Luycx entworfen. Die Vorderseite zum Beispiel einer 2-Euro-Münze sieht in jedem Land gleich aus, die Rückseiten sind jedoch verschieden. Dort sind berühmte Menschen oder Wahrzeichen desjenigen Landes abgebildet, aus dem die Münze kommt. Die verschiedenen Münzen vermischen sich im Euroland, wenn die Menschen reisen und etwas in einem anderen Land kaufen.
Die sieben Euroscheine unterscheiden sich in Farbe und Größe. Sie haben einen Wert von 500, 200, 100, 50, 20, 10 und 5 Euro. Entworfen wurden sie von dem Österreicher Robert Kalina. Anders als die Münzen sind die Scheine in allen Ländern gleich gestaltet. Die Vorderseiten zeigen Fenster und Tore, die die Offenheit der neuen Gemeinschaft darstellen sollen. Die Rückseite zeigt jeweils eine Brücke als Symbol der Verbindung zwischen den Völkern Europas und der Welt.

1 Welche Münzen hast du in deinem Geldbeutel? Aus welchem Land kommen sie wohl?

→ Ich und die anderen, Seite 54/55: Rund ums Taschengeld

Lach doch mal

Das Dreieck

Walter Müller

Es steckt in einem DREI-
ECK so allerlei.
Zunächst die DREI und das EI
auch der EID ist mit dabei
dann die ERDE und die ECKE
und die REDE und die DECKE!
Auch das DIE steckt irgendwo
und die KREIDE sowieso!
Selbst der EDI und der RICK
(und das kleine Wörtchen DICK)
und die EIER und das RECK
und – ach ja! – sogar der DRECK!

In PUSTEBLUME
steckt so allerlei:
BUS
TUBE
BESTE
MUT
...

Bürsten

Hans Gärtner

 Sie gern?
Nein, ich  nicht gern.
Das  macht mir keinen Spaß.
Seit mein Bruder beim  verunglückte,
 ich nicht gern.
Soll , wer  will.
Ich jedenfalls  lieber nicht.

Rätselgeschichte

Die Räuber

Adelheid Böttger

Kennt ihr das Märchen von dem Esel, dem Hund, der Katze
und dem Hahn, die zusammen nach Bremen gehen wollten,
um dort als Musikanten ihren Lebensunterhalt zu verdienen?
Dann wisst ihr auch, dass sie am Abend im Wald
ein Räuberhaus entdeckten und beschlossen dort zu übernachten.
Die Räuber saßen gerade um einen Tisch herum.
Die Tiere stellten sich draußen vor dem Fenster auf.
Der Hund sprang auf des Esels Rücken, die Katze dem Hund
auf den Rücken und der Hahn flog auf die Katze.
Als sie gemeinsam anfingen zu singen,
flohen die fünf Räuber vor Entsetzen aus dem Haus.
Zoffi startete gleich bis zur Tür, sodass sein Stuhl umfiel.
Wildermann stürzte über den Stuhl
und wurde von **Rabatzki** überholt.
Radi musste erst um den Tisch herumlaufen
und war dicht hinter **Rabatzki**.
Der letzte und sportlichste aber, **Stronk**,
sprang über den Tisch und landete bei **Radi**.
Er hatte aber so viel Schwung,
dass er vorwärts stolperte und gegen **Zoffi** stieß.
Beide stürzten zu Boden und der Nächste
gelangte als Erster in den Wald.
Wer war es?

Genau lesen

→ A ... wie Anfang, Seite 20:
Zweimal ganz genau lesen!
→ Geschichten-Werkstatt, Seite 154/155:
Der Kaufmann und der Riese

Rätselfragen

Fragen über Fragen

Mario Grasso

Wozu hat der Mensch Beine?
Damit er *gehen* kann –
damit er *stehen* kann –
damit er *laufen* kann.

Warum kann aber eine Uhr, die keine Beine hat,
trotzdem *gehen*? Warum *steht* sie,
und warum *läuft* sie jetzt wieder?

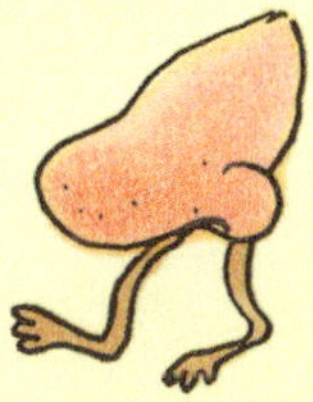

Und warum *läuft* meine Nase jetzt so schrecklich?
Etwa weil sie ein Nasenbein hat?
Kaum, das Nasenbein *sitzt* fest.
Seit wann aber kann ein Nasenbein *sitzen*?
So ganz ohne Stuhl.

Fragen über Fragen.

Rate mal

Was ist das?

RICHT
DEUTSCH

Deutschunterricht
= Deutsch unter richt

Ozean / Flug — Ozean über Flug = Ozeanüberflug

Bahn / Gang — Bahn über Gang = Bahnübergang

L / RAD — L auf RAD = Laufrad

K / HAUS — K auf Haus = Kaufhaus

Gang / Welt — Welt unter Gang = Weltuntergang

Schreibunterlage
Kaufvertrag
Fernsehunterhaltung
Laufzeit

Die Schrift gestalten

→ Gedichte-Werkstatt, Seite 166:
Ein Gedicht aufschreiben

Gedichte

Halb so schlemm

Josef Guggenmos

Es war mal eine Kateze,
die hatte so ein Gefühl.
Da sagte Doktor Gripsgrari:
„Sie haben ein e zu viel!“

Er putzte seine Brille
und räusperte sich: „Ha hemm!
Ich muss Sie operieren,
das ist nur halb so schlemm.“

Der Doktor nahm die Schere
und schritt zur Operation.
Die Türe war offen geblieben,
da lief das e davon.

Es rannte über die Straße,
ei guck, in Hausnummer neun.
Gripsgrari mit der Schere
kam bald drauf hinterdreun.

Er ging hinein und fragte:
„Ist hier vielleicht ein e …?“
Da saß eine Tanete,
die nähtetetete.

Margrete, die Tanete,
sie sah ihn strafend an
und sprach zu ihm: „Sie Schlimmer,
das geht Sie gar nichts an.“

Sie stach ihn mit der Nadel.
Der Doktor rief: „Ha hemm!“
Und ging nach Haus und sagte:
„Ist alles halb so schlemm.“

Von seltsamen Tieren

Herbert Lehmann

Ein Rehbock liebt ein Trampeltier
und schließt mit ihm die Ehe;
schnell haben sie der Jungen vier:
vier kleine Trampelrehe.

Das Nashorn sieht den Kleinen zu,
kann kaum den Neid verstecken;
es nimmt sich einen Schneck im Nu
und kriegt sechs Nashornschnecken.

Das ältste Trampelreh nimmt dann
sich einen Nashornschneck zum Mann;
die Kinder sind, o wehe!
nun Nashorn-Trampel-Schnecken-Rehe!

→ A … wie Anfang, Seite 10:
Lesen üben

Flunkergeschichte

Der rusikalische Mabe und der fumme Dörster

Adelheid Böttger

Es war einmal ein rusikalischer Mabe.
Der wohnte in einem uralten biesigen Raum.
Das tusikalische Mier krächzte den tanzen Gag lang
aus hollem Vals sein Wabenlied in den Rald.
Das störte nun den futen Görster gewaltig.
So machte er einen pistigen Llan,
um den ringenden Saben zu fangen.
Wenn er den Kaben erst im Räfig hätte,
würde er ihn seinem nierliebenden Teffen schenken.
Deshalb faute der Börster eine Faben-Ralle.
Er kaute einen Basten mit einem Dapp-Kleckel.
Dort hinein legte er eine Keibe Schäse.
Dann befestigte er ein Dand am geöffneten Beckel,
versteckte sich hinter bohen Hüschen,
das Hand in der Band und wartete.
Wenn der Kabe den Räse schnappen wollte,
würde der Börster einfach das Fand loslassen.
Klapp! Die Kalle flappt zu!
Der rorsichtige Vabe wartete jedoch,
bis der fumme Dörster eingeschlafen war,
holte sich dann den keckeren Läse
und bedankte sich bei dem Lörster
mit seinem Fied.

Bildergeschichte

Paul Maar

→ Gedichte-Werkstatt, Seite 160:
Mein Monster

Flunkergedicht

Festessen

Felix Hoerburger

bei uns dahoam
haz am sonntag
zum mittagessen allawei
        dinx duberln gem
        aufdampfelte
        dinx duberln gem
        dinx duberln mit
        schneibizl soß
        schneibizl mit
        erdepfibeizn
        da hamma gschleckt
        da hamma gschleckt
        glabst

bei uns dahoam
haz am faschings glugitzltag
zum mittagessen allawei
        didl dupf deifi
        dinx duberln gem
        zamma dupfer dipfte
        schmor bruzl braune
        didl dupf deifi
        dinx duberln gem
        dinx duberln mit
        schneibizl soß
        schneibizl mit
        erdepfibeizn
        da hamma gschleckt
        da hamma gschleckt
        glabst

und erscht an weihnachtn
da haz bei uns dahoam
zum mittagessen allawei
        biberl schnupfer dupfer
        didl dupf deifi
        dinx duberln gem
        zamma dupfer dipfte
        schmor bruzl braune
        pfeifer deckl gschluzte
        schlifl schlucker bipfte
        biberl schnupfer dupfer
        didl dupf deifi
        dinx duberln gem
        dinx duberln mit
        schneibizl soß
        schneibizl mit
        erdepfibeizn
        da hamma gschleckt
        da hamma gschleckt
        glabst

PS: Die eingruckten Zeilen muasst
allaweil schneidig landlerisch aufsagn.
Des is nämlich a Halbschnalzer.

Geschichten-Werkstatt

Fabeln verstehen

Fabeln
Fabeln sind Geschichten, in denen Tiere menschliche Eigenschaften haben. Die Tiere geraten in eine schwierige Situation oder streiten miteinander. Fast immer sprechen die Tiere dabei. Meist bekommt der Schwächere, aber Schlauere Recht. Aus jeder Fabel soll man etwas lernen. Diese Lehre ist in der Geschichte verborgen.

Der Fuchs im Brunnen

Nach Äsop

A Der Fuchs war in einen Brunnen gefallen und konnte allein nicht wieder hinaus. Da kam ein durstiger Ziegenbock zum Brunnen.

B Der Fuchs lobte laut das köstliche Wasser und überredete den Ziegenbock herunterzukommen. Der Ziegenbock dachte nur an seinen Durst, sprang hinab und trank. Dann wollte er wieder nach oben. „Stemm die Vorderbeine gegen die Wand und stell die Hörner hoch. Ich springe dann über deinen Rücken nach oben und ziehe dich heraus“, sagte der Fuchs.

C Der Ziegenbock tat, was der Fuchs vorgeschlagen hatte. Der Fuchs kletterte über seine Schultern auf die Hörner und erreichte so den Brunnenrand. Dann lief er davon. „Zieh mich heraus!“, schrie der Ziegenbock.

D Der Fuchs lachte nur und rief: „Wie soll das gehen? Wenn du so viel Verstand hättest wie Haare im Bart, dann hättest du dir das vor dem Hinunterspringen überlegt.“

1 Lest die Fabel.
Überlegt euch für jeden Abschnitt eine Überschrift.

2 Was kann man aus dieser Fabel lernen?

Was ihr aus der Fabel lernen könnt, steht auf Seite 151.

Zentrale Aussagen erfassen und wiedergeben

Fabeln erraten

Die Blümmerse und der Schnutz

Nach Äsop

Die Blümmerse und der Schnutz führten einen Wettstreit, wer von ihnen der Schnellere sei. Sie bestimmten ein fernes Ziel und prötzten von ihrem Ausgangspunkt los. Weil der Schnutz aber dachte, dass er sowieso schneller sei, kümmerte er sich nicht um den Lauf, sondern legte sich erst einmal am Wegrand zum Räkeln nieder. Die Blümmerse aber, die genau wusste, dass sie nur langsam vorankam, gönnte sich keine Pause und überholte den räkelnden Schnutz. So wurde sie am Ende Sieger.

Die Turtel und die Kribbel

Nach LaFontaine

Eine Turtel wollte am Floch trinken. Da sah sie, wie eine Kribbel in großer Not im Blubbel zappelte. Die Turtel hatte Mitleid mit der Kribbel. Sie pflückte mit dem Schnabel ein Blatt und legte es vor die Kribbel ins Blubbel. Darüber konnte nun die Kribbel ans Ufer klettern und war gerettet.
Zufrieden flog die Turtel auf einen Baum. Sie bemerkte nicht, dass ein Baller einen Zisch auf sie anlegte um sie zu töten. Das sah aber die kleine Kribbel. Sie biss den Baller in den nackten Tret. Der zuckte, und der Zisch traf daneben. So wurde eine gute Karm durch die andere belohnt.

1. Lest euch diese Fabeln vor.

2. Schreibt jetzt eine der Fabeln auf und setzt dabei für die Witzwörter passende Wörter ein.

Wie die Fabeln wirklich lauten, könnt ihr auf Seite 151 nachlesen.

Texte genau lesen

→ Theater-Werkstatt, Seite 179–181: Der Riese und die Maus

Absätze einer Fabel ordnen

Das Zicklein und der Wolf

Nach LaFontaine

A Eines Tages witterte der Hütehund den Wolf.
Schnell trieb er die Herde zusammen
und führte sie in den sicheren Stall zurück.
Das Zicklein hatte nichts davon gemerkt.

B „Hier, großer Wolf, auf dieser Flöte
will ich dir ein Lied spielen, bevor du mich frisst."
„Ein wenig Musik vor dem Festmahl könnte nicht schaden",
meinte der Wolf. Das Zicklein spielte und spielte.
Der Wolf leckte sein Maul vor Gier.

C „Der kleine Ziegenbock könnte mir jetzt schmecken!",
dachte der Wolf.
Er wollte das Zicklein schon packen und fressen
– da hatte das Zicklein in seiner Not einen Einfall.
Es brach ein Stück Schilfrohr ab und rief:

D In einer Ziegenherde lebte ein besonders neugieriges Zicklein.
Es sprang über die Wiese und schaute sich alles genau an.
Es kam auch vor, dass es sich dabei von der Herde entfernte.

E Aber auch der Hütehund hörte das ängstliche Spiel.
Er rannte los. Die ganze Herde und der Hirte rannten hinterher,
das Zicklein zu retten. Der Wolf ...

F Es war zum Bach gelaufen und übte wie ein Frosch zu springen.
Das Zicklein sprang dem hungrigen Wolf direkt vor die Füße.

1 Hier sind einzelne Abschnitte der Fabel durcheinander gebracht. Bringt sie in die richtige Reihenfolge.
Schreibt die Fabel zu Ende.
Ihr könnte zu dieser Fabel auch einen Comic malen.

Das Ende der Fabel könnt ihr
auf Seite 151 nachlesen.

Einen Comic nach einer Fabel gestalten

Der Löwe und die Maus

Anna (Schülerin)

Die Fabeln

Die Schildkröte und der Hase

Nach Äsop

Die Schildkröte und der Hase führten einen Wettstreit, wer von ihnen der Schnellere sei. Sie bestimmten ein fernes Ziel und liefen von ihrem Ausgangspunkt los. Weil der Hase aber dachte, dass er sowieso schneller sei, kümmerte er sich nicht um den Lauf, sondern legte sich erst einmal am Wegrand zum Schlafen nieder. Die Schildkröte aber, die genau wusste, dass sie nur langsam vorankam, gönnte sich keine Pause und überholte den schlafenden Hasen. So wurde sie am Ende Sieger.

Die Taube und die Ameise

Nach LaFontaine

Eine Taube wollte am Bach trinken. Da sah sie, wie eine Ameise in großer Not im Wasser zappelte. Die Taube hatte Mitleid mit der Ameise. Sie pflückte mit dem Schnabel ein Blatt und legte es vor die Ameise ins Wasser. Darüber konnte nun die Ameise ans Ufer klettern und war gerettet. Zufrieden flog die Taube auf einen Baum. Sie bemerkte nicht, dass ein Jäger einen Pfeil auf sie anlegte um sie zu töten. Das sah aber die kleine Ameise. Sie biss den Jäger in den nackten Fuß. Der zuckte, und der Pfeil traf daneben. So wurde eine gute Tat durch die andere belohnt.

Das Zicklein und der Wolf

Das Ende dieser Fabel ist so:
Der Wolf bekam die schlimmsten Prügel seines Lebens.
Und – er musste nun die Flöte spielen und wurde von allen verspottet.
Er wusste nun: „Man soll erst fressen und dann an die Musik denken."

Der Fuchs im Brunnen

Aus dieser Fabel kannst du lernen:
Bevor du etwas tust, denke an die Folgen.

Eine Sage erzählen

Zwischen Rittern und Städtern herrschte im Mittelalter Streit. Damals war das deutsche Reich in mehr als 1000 Länder unterteilt, und besonders viele kleine Länder gab es in Franken. Genauso wie heute musste man damals an Ländergrenzen Zoll zahlen. Die Städter aber gaben dem Kaiser eine Steuer und brauchten deshalb keinen Zoll zu bezahlen. Die Ritter fanden das ungerecht. Deshalb taten sie sich zusammen und überfielen die Kaufmannszüge der Städter. Die Städter nannten die Ritter daher Raubritter.
Einer der gefährlichsten, aber auch lustigsten Ritter war Eppelein von Gailingen. In Nürnberg und Umgebung werden noch heute viele witzige Geschichten vom Raubritter Eppelein erzählt.

Eppelein will heiraten

Unbekannter Verfasser

Einmal schrieb der Eppelein wieder einen Brief an den Rat. Diesmal bat er in aller Form um die Hand des schönsten Jungfräuleins der ganzen Stadt Nürnberg, der Tochter eines reichen Kaufherrn, Agnes Tetzel. Er verlangte dazu – er war nicht bescheiden – eine große Mitgift. Der Rat antwortete, dass ein Raubritter wie er auf keinen Fall die Tochter eines angesehenen Nürnberger Patriziers (so hießen die reichen Herren, die die Stadt regierten) heiraten könne. Er solle sich das ein für allemal aus dem Kopf schlagen. Der Eppelein schrieb zurück: „Ihr habt mir einen schweren Schimpf getan, den werd ich euch heimzahlen. Außerdem werde ich mir den Hochzeitskuss und die Mitgift[1] selbst holen!“
Es dauerte nicht lange, da war die Hochzeit der Agnes Tetzel mit einem reichen Nürnberger Kaufherrn. Sie wurde im großen Rathaussaal mit Pracht gefeiert. Braut und Bräutigam …

… Da, als die Feier am fröhlichsten war, kam ein reisiger[2] Bote zur Tür herein und schrie: „Herr Mendel (so hieß der Bräutigam), eure Wagen, die ihr von Polen her mit Samt und feinen Geweben erwartet, sind vom Eppelein überfallen und gänzlich ausgeplündert worden. Drunten stehen die Knechte, die aus dem Gefecht entfliehen konnten!“ Voll Schreck fuhr die ganze Gesellschaft auf, und …

… Da ging der reisige Bote, der die Nachricht gebracht hatte, auf sie zu, nahm sie in seine Arme und küsste sie herzlich. Noch ehe die Leute aus dem Hofe wieder zurückgekommen waren, drunten war kein Knecht zu finden, war der reisige Bote – es war niemand anders als der Eppelein – mitsamt der ganzen Mitgift, die zur Schau auf dem Hochzeitstisch gestanden war, verschwunden.

1 Was die Braut, der Bräutigam und die Hochzeitsgesellschaft gemacht haben, wird auf den Bildern erzählt. Ergänze die Sage mit Hilfe der Bilder.

Sagen

Sagen sind Geschichten, die zunächst durch Erzählen mündlich weitergegeben wurden. Jeder Erzähler schmückte etwas mehr aus, bis die ursprüngliche Geschichte kaum mehr zu erkennen war. In Sagen kommen Fantasiefiguren wie Riesen oder Zwerge, Hexen und Geister oder auch der Teufel vor. Obwohl Sagen ausgedacht sind, enthalten die meisten doch auch einen wahren Kern, zum Beispiel Orte, die es wirklich gibt, oder Personen, die tatsächlich gelebt haben. Sagen sind wie wahre Geschichten geschrieben.

[1] Mitgift: Dinge, die die Braut in die Ehe mitbringt
[2] reisiger Bote: reisender Bote

Ein Märchen lesen und umerzählen

Märchen

Märchen sind erfundene Geschichten, die es überall auf der Welt gibt. Sie berichten von fantastischen oder wundersamen Begebenheiten. Übernatürliche Gewalten versetzen die Menschen plötzlich in schwierige Situationen. Sie begegnen sprechenden Tieren oder werden selbst in Tiere oder Pflanzen verwandelt. Es gibt oft Hexen, Zauberer, Zwerge, Feen und andere Fantasiefiguren. Ort und Zeit sind unbekannt. Am Ende wird das Böse bestraft und das Gute belohnt.

Der Kaufmann und der Riese

Nacherzählt von Sabine Schoch

Eines Tages machte sich ein reicher Kaufmann auf in eine weit entfernte Stadt. Sein Weg führte ihn lange Zeit durch wüstes Land. Als er in der Wüste Bäume erblickte, ritt er darauf zu und fand eine Quelle. Dort aß er Brot und Datteln aus seinen Vorräten.

Auf einmal stand ein Riese von entsetzlichem Aussehen vor ihm. In der Faust schwang er ein breites Schwert. „Steh auf", rief der Riese mit fürchterlicher Stimme, „ich werde dich töten. Du hast soeben mein Kind umgebracht." „Was soll ich getan haben?", rief der Kaufmann entsetzt, „ich habe kein Kind gesehen!" „Du hast mein Kind getötet! Du hast es mit deinem Dattelkern getroffen! Wer andere tötet, muss selbst getötet werden!"

Doch der Kaufmann jammerte und flehte: „Ich bin unschuldig, ich habe dein Kind nicht gesehen! Lass mich am Leben! Wenn du mich unbedingt töten willst, lass mir noch eine Frist, um nach Hause zu reiten und mich von Frau und Kindern zu verabschieden. Ich verspreche dir, binnen eines Jahres an diese Stelle zurückzukehren." „Schwörst du das?", fragte der Riese. „Ja, ich schwöre bei Allah und Mohammed, seinem Propheten!"

Eilig ritt der Kaufmann nach Hause und berichtete von seiner Not. Seine Frau und die Kinder weinten vor Schmerz. Sie redeten auf ihn ein, niemals zurückzukehren, doch der Kaufmann ließ sich nicht beirren. Nach einem Jahr machte er sich auf und ritt zu der Stelle, an der er dem Riesen begegnet war.

Während er auf den Riesen wartete, hörte er Schritte. Ein freundlicher alter Mann, der eine Gazelle am Bande führte, begrüßte ihn. Der Kaufmann erzählte ihm seine Geschichte und der alte Mann beschloss, ihm beizustehen.

Bald sahen sie den Riesen in einer großen Staubwolke näher kommen. Sofort schnappte er den Kaufmann und hob ihn empor. „Jetzt wirst du sterben!“, schrie der Riese. Abermals beteuerte der Kaufmann seine Unschuld und flehte um sein Leben.

Da sprach der alte Mann: „Hör mich an, Riese! Mir ist etwas widerfahren, was noch wunderlicher ist als die Geschichte dieses Kaufmannes. Wenn du ihm seine Schuld erlässt, will ich diese Geschichte erzählen.“ „Ihm soll ich die Strafe erlassen? Er hat mein Kind getötet!“, rief der Riese zornig. Doch er war neugierig geworden und brummte: „Also erzähl mir deine Geschichte.“

Der alte Mann begann zu erzählen:

„Ich lebte mit meiner Schwester in einem Haus. Als ich heiratete und Gott uns ein kleines Kind schenkte, wohnte sie weiter bei uns. Ich ahnte freilich nicht, dass sich hinter ihrer Freundlichkeit ein tiefer Hass gegen meine Frau verbarg.

Als ich eines Tages von einer langen Reise nach Hause kam, empfing mich meine Schwester und berichtete, dass meine Frau und mein Kind gestorben waren. Sie hätte aber gut gewirtschaftet und im Stall sei eine Kuh mit einem Kalb, erzählte sie.

Ich war so traurig über mein Schicksal und diesen Verlust, dass ich nicht mehr arbeiten konnte. Um nicht zu verhungern, holte meine Schwester eines Tages den Metzger, damit er die Kuh und das Kalb schlachtete.

Der Metzger betrachtete die Tiere genau, nahm mich zur Seite und meinte: ‚Guter Mann, ich verstehe mich ein wenig auf die Zauberkunst. Diese beiden sind verzauberte Menschen und keine Tiere, das kannst du mir glauben!‘ Er nahm ein Gefäß mit Wasser, spritzte es auf die Tiere und sprach einen Zauberspruch. Kaum waren die Worte über seine Lippen gekommen, standen meine geliebte Frau und mein Kind vor mir. Ich weinte vor Freude und umarmte sie.

Der Metzger aber besprengte meine Schwester mit dem Wasser, murmelte etwas und im Nu hatte sich die böse Frau in eine Gazelle verwandelt. Hier steht sie.“

„Ich gebe zu“, sagte der Riese, „das ist eine wundersame Geschichte. Aber wegen dieser Geschichte soll ich dem Kaufmann die Strafe erlassen? Niemals!“ „Willst du etwa unsere Abmachungen brechen? Du kanntest die Bedingungen, wo ist deine Ehre?“ Voller Zorn blickte der Riese den Kaufmann an, drohte ihm nochmals mit der Faust, drehte sich um und ging.

Unter Tränen umarmte der Kaufmann seinen Retter und dankte ihm. Er nahm Abschied und trat sofort den Heimweg an. Seine Familie empfing ihn und war außer sich vor Freude. Noch lange lebten sie in Glück und Wohlstand.

1 **Welche Geschichte hättest du dem Riesen erzählt, damit er dem Kaufmann die Strafe erlässt? Schreibe sie auf.**

→ Theater-Werkstatt, Seite 177: Hans im Glück
→ Das dicke Ei, Seite 140: Die Räuber

Kirchweih in Groß-Goschenshausen

Otfried Preußler

Als ich ein kleiner Junge war, besuchte ich manchmal meinen Onkel Schwindelian auf seinem Bauernhof in Groß-Goschenshausen, einem Ort in der Nähe von Flunkersdorf. Der Hof meines Onkels liegt an der Straße von Schwindelberg nach Sankt Nimmerlein, genau eine halbe Stunde und siebeneinviertel Minuten hinter dem berühmten Buttermilchbaum vor der Käsemühle in Faselheim an der Dingsda. Mein Onkel hatte so viele Kühe im Stall, dass er sich einen besonderen Knecht halten musste, der sie jeden Tag zählte. Der Knecht begann früh am Morgen mit Zählen, wenn die Kühe auf die Weide hinausgingen; und am Abend, wenn er mit Zählen endlich fertig war und die letzten Kühe gerade den Stall bei der Vordertür verlassen hatten, kamen die ersten bereits wieder zu der Hintertür herein. So ein großer Bauer war mein Onkel Schwindelian.

Wenn in Groß-Goschenshausen Kirchweih war, fing meine Tante schon vierzehn Tage vorher mit Kuchenbacken an. Fünfundzwanzig Mägde halfen ihr dabei von früh bis spät an den dreizehn Backöfen. Den Kuchenteig walzten sie auf der Wiese mit einer Dampfwalze aus. Ein Dutzend Knechte schafften in Schubkarren den süßen Quark und das Pflaumenmus heran, ein paar andere schaufelten den Streusel darauf, und wieder ein paar andere schleppten die fertig zubereiteten Kuchenstücke auf Scheunentoren und abgehobenen Tischplatten zu den Backöfen hin. Der Suppenkessel, in dem meine Tante aus einer Wagenladung Kartoffeln und je einer halben Fuhre Gemüse und Hühnerklein die Feiertagssuppe zu kochen pflegte, fasste das Wasser eines ganzen Mühlenweihers. Der Rührlöffel, der dazu gehörte, war so groß und schwer, dass ihn drei ausgewachsene Männer nur mit Mühe heben konnten; wenn sie aber damit die Suppe umrühren wollten, mussten sie mindestens zu fünft sein. […]

Um die Mittagszeit kehren die Groß-Groschenshausener aus der Kirche wieder heim und setzen sich an langen Tafeln zum Festschmaus nieder. Als ich einmal zur Kirchweih bei meinem Onkel Schwindelian auf Besuch war, hielt ich den Tisch zunächst für eine Art hölzerne Brücke. Daher war ich auch gar nicht verwundert, als wirklich ein Leiterwagen, der mit zwei Pferden bespannt war, auf dieser vermeintlichen Brücke herangerumpelt kam. Der Wagen war über und über mit Speckknödeln bela-

den; während er langsam auf der Tafel entlangfuhr, spießte sich jedermann mit der Gabel so viele Speckknödel herunter, wie er Appetit hatte. Hinterher kam ein anderer Wagen mit Sauerkraut und nach diesem ein dritter mit Fässern voll brauner Schmalztunke. Auch die Bratenstücke wurden in der gleichen Weise aufgetischt und ebenso der Kartoffelbrei und alle weiteren Speisen. Nur das Bier musste sich jeder selbst aus dem Brunnen holen. Am Nachmittag zogen alle miteinander auf den Dorfplatz von Groß-Goschenshausen. Die jungen Leute tanzten und sangen, und dazu spielte die Feuerwehrkapelle so laut, dass in der Nachbarschaft zweiunddreißig Fensterscheiben zersprangen und der kupferne Gockelhahn auf dem Kirchturm vor lauter Freude anfing, mit den Flügeln zu schlagen und Kikeriki zu rufen. […]

Dann ging ich zu der Kegelbahn, wo gerade ein Preiskegeln stattfand. Auch ich musste mitkegeln, aber meine Kugel rollte so weit daneben, dass sie statt der Kegel den Stuhl des Bürgermeisters von Groß-Goschenshausen umwarf, und das ausgerechnet in dem Augenblick, als der Herr Bürgermeister sich darauf setzen wollte. Er setzte sich also ins Leere, und alle Leute lachten Tränen, als sie ihn auf den Rücken plumpsen und mit den Beinen in der Luft herumzappeln sahen. „Gewonnen, gewonnen!“, riefen sie begeistert. „Dieser Junge hat am allerweitesten danebengekegelt, er verdient den Preis, er ist Kegelmeister von Groß-Goschenshausen!“ Dann brachten sie eine mächtige Kiste herbeigeschleppt, die ich öffnen sollte, weil sie den Preis enthielt. Ich war sehr neugierig, denn ich vernahm aus der Kiste eine tiefes Brummen, das ich mir nicht erklären konnte.

Und was sah ich zu meinem größten Erstaunen, als ich den Deckel hob? Da saß in der Kiste und brummte – ein ausgewachsener lebender Bär! – Und wenn ihr nun noch wissen möchtet, was ich mit diesem Bären angefangen habe, so kann ich euch das im Vertrauen sagen: Diesen ausgewachsenen Bären habe ich euch heute aufgebunden, als ich euch von der Kirchweih in Groß-Goschenshausen erzählte!

1 Schreibe aus dem ersten Abschnitt alle Namen heraus. Was fällt dir auf?

2 Erkläre, was es bedeutet, wenn man jemandem einen Bären aufbindet.

Gedichte-Werkstatt

Sabine Raith: Fluss

1 Gestaltet auch so ein Gedicht,
zum Beispiel zu einem dieser Wörter:
Haus, Tür, Fenster, Dach, Baum, Ast, Nest, Vogel, . . .

Verse ergänzen

auf dem land

Ernst Jandl

rininininininininDER
brüllüllüllüllüllüllüllüllEN

schweineineineineineineineinE
grunununununununununZEN

hunununununununununDE
bellellellellellellellellEN

katatatatatatatatatZEN
miaulaulauiauiauiauiauiauEN

katatatatatatatatatER
schnurr ??? EN

gänänänänänänänänänSE
schnatt ??? ERN

ziegiegiegiegiegiegiegiegEN
meck ??? ERN

bienienienienienienienienEN
summ ???

grillillillillillillillillEN
zir ???

fröschöschöschöschöschöschöschöschE
???

hummummummummummummummummELN
???

vögögögögögögögögEL
???

rin	in	in	in	in	in	in	in	DER
1	2	3	4	5	6	7	8	9

Pause

brül	lül	lül	lül	lül	lül	lül	lül	EN
1	2	3	4	5	6	7	8	9

1. Lest das Gedicht vor und ergänzt dabei die Verse.

2. Schreibe ein ähnliches Gedicht.

Das vollständige Gedicht steht auf Seite 169.

Nach Anregungen schreiben

→ Tiere, Seite 44: Auf Noahs Arche

Wörter in ein Gedicht einsetzen

Mein Monster

Gerald Jatzek

Mein Monster ist vier Meter groß,
mit Schultern wie ein ___.
Wenn es an meiner Seite trabt,
sind alle nett zu mir.

Mein Monster ist ein Muskelberg
mit einer Faust aus ___.
Der größte Raufbold in der Stadt
erscheint dagegen klein.

Mein Monster speit nach Drachenart
Feuer aus dem ___.
Da hält sogar mein Onkel Bert,
der sonst nur schimpft, den Mund.

Mein Monster hat ein Löwenmaul
mit einem ___.
Davor hat selbst der Schäferhund
von unserm Nachbarn Schiss.

Mein Monster ist vier Meter groß,
mit Schultern wie ein ___.
Doch leider ist es unsichtbar
für alle außer mir.

Haigebiss

Bulle

Schlund

Eisen

Stein

Rachen

Stier

Giftzahn

Riese

Stier

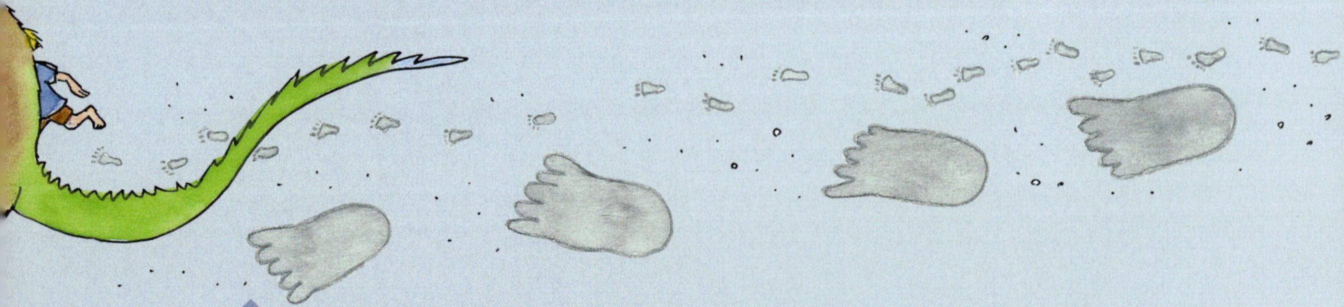

1 Setze die passenden Reimwörter in das Gedicht ein.

→ Das dicke Ei, Seite 144:
Das Monster vom fremden Stern

Reimwörter ans Ende der Verse rücken

Nächtlicher Besuch

Paul Maar

Nachts liegst du in deinen Kissen,
fühlst dich einsam und allein?
Das muss nicht sein, hör mal zu,
wissen musst du nur das Mittel:

Halt erst lang den Atem an,
hol tief Luft und *dann* flüstre:
„Heute wär' ich gern zu viert!"
Und *was passiert* – warte einfach.

Als Erstes kommt ein Bär daher:
„Darf ich ins Bett?" – „*Bitte sehr,* klar!"
Als Zweites kommt ein kleines Schwein
und legt sich einfach zwischenrein.
Als Drittes kommt ein Känguru,
deckt sich zu und legt sich zu euch.

Und schon seid ihr viere,
nämlich die *Tiere* und du.

1 In diesem Gedicht sind manche Reime in den Versen versteckt. Rückt sie an das Ende der Verse.

2 Schreibt das Gedicht so auf, dass es sich reimt.

Das Originalgedicht steht auf Seite 169.

Texte genau lesen

→ A . . . wie Anfang, Seite 10: Buchstaben-Gedicht

Ein eigenes Gedicht zusammenstellen

Aus Glas – Ein Luftballon

Josef Guggenmos – Wolfgang Menzel

Manchmal denke ich mir irgendwas.
- Und zum Spaß
- Und, Pardon!

Denke ich mir jetzt,
- ich war ein Luftballon.
- ich bin aus Glas.

Alle Leute, die auf der Straße gehen,
- können mich auf dem Jahrmarkt sehen.
- bleiben stehen, um einander durch mich anzusehen.

Und die vielen andern Kinder schrein: Ei wie fein!
- Ich, ich will auch durchsichtig sein!
- Ich will auch ein Luftballon sein!

Doch ein Lümmel
- stößt mich in den Rücken.
- fasst mich an und kratzt.

Ich fall hin . . .
- Paff, da bin ich gleich zerplatzt.
- Klirr, da liege ich in tausend Stücken.

Ach, ich bleibe lieber, wie ich bin!

1. Hier haben sich zwei Gedichte versteckt.
   Die dick gedruckten Verse passen zu beiden Gedichten.
   Aber es gehört immer noch einer von den beiden dünn gedruckten Versen dazu.
   Lest zuerst die Verse, die zu dem Gedicht *Ein Luftballon* passen.

2. Schreibe eines der beiden Gedichte auf.

Das Originalgedicht „Aus Glas“ steht auf Seite 169.

Zwei Gedichte entflechten

Der Regenbogen – Wolkenschimmel

Josef Guggenmos – Wolfgang Menzel

Ein Regenbogen,
komm und schau!
Rot und orange,
gelb, grün und blau!
Ich liege im Grase
und halte die Nase
hinauf in den Himmel.

So herrliche Farben
kann keiner bezahlen,
sie über den halben
Himmel zu malen.
Dort fliegt ein Schimmel
in schnellem Lauf.

Ihn malte die Sonne
mit goldener Hand
auf eine wandernde
Regenwand.
Und ich reite darauf!

1. Lest euch das Ganze vor.

2. Hier sind zwei Gedichte ineinander geschrieben.
Überlegt, welche Verse zu welchem Gedicht gehören.

3. Sucht euch einen Partner.
Jeder liest eines der Gedichte vor.

Das Originalgedicht „Wolkenschimmel“ steht auf Seite 169.

→ Jahreszeiten, Feste und Feiern, Seite 105: Im Regen

Weiterreimen

Königsrondo

Peter Hacks

Der König von Frankreich heißt Schmidt.
Der König von Frankreich heißt Schmidt.
Er heißt nicht Herr Ludwig,
Das wär uns zu mutig,
Drum singen wir gleich alle mit:

Der König von Frankreich heißt Schmidt.
Der König von Frankreich heißt Schmidt.
Er heißt nicht Herr Ritter,
Das wär uns zu bitter,
Drum singen wir gleich alle mit:

Der König von Frankreich heißt Schmidt.
Der König von Frankreich heißt Schmidt.
Er heißt nicht Herr Mollig,
Das wär uns zu drollig,
Drum singen wir gleich alle mit:

Der König von Frankreich heißt Schmidt.
Der König von Frankreich heißt Schmidt.
Er heißt nicht Herr Greulich,
Das wär zu abscheulich,
Drum singen wir gleich alle mit:

Der König von Frankreich heißt Schmidt.
Der König von Frankreich heißt Schmidt.
Er heißt nicht Herr Bauch,
Das mißfiele uns auch,
Drum singen wir gleich alle mit:

Der König von Frankreich heißt Schmidt.
Der König von Frankreich heißt Schmidt.
Er heißt nicht Herr Stiefel,
Er heißt nicht Herr Tritt.
Lang lebe der König, Herr Schmidt!

1 Schreibt weitere Strophen zu diesem Gedicht.
Eigentlich müsst ihr nur neue Namen erfinden – und Wörter, die sich darauf reimen.

Er heißt nicht Herr Omisch, das wäre ...

 Ginster  Klein  Grimm  Utzig

Weiterdichten

Ich träume mir ein Land

Erika Krause-Gebauer

Ich träume mir ein Land,
da wachsen tausend Bäume,
da gibt es Blumen, Wiesen, Sand
und keine engen Räume.
Und Nachbarn gibt's, die freundlich sind,
und alle haben Kinder,
genauso wild wie du und ich,
nicht mehr und auch nicht minder.

Ich träume mir ein Land,
da wachsen tausend Hecken,
da gibt es Felsen, Büsche, Strand
und kleine, dunkle Ecken.
Und Nachbarn gibt's, die lustig sind,
und alle feiern Feste,
genauso schön wie deins und meins,
und keines ist das beste.

Ich träume mir ein Land,
da wachsen tausend Bilder,
da gibt es Rot und Grün am Rand
und viele bunte Schilder.
Und Nachbarn gibt's, die langsam sind,
und alles dauert lange,
genauso wie bei dir und mir,
und keinem wird dort bange.

1 Träume dir auch ein Land.
Dichte selbst ein Strophe weiter.

2 Lest euch gegenseitig eure Strophen vor.

Nach Anregungen schreiben

→ Miteinander leben, Seite 33–35:
In der Fremde
→ Unser Land in Europa, Seite 132–135:
Im Land der Schokolade und Bananen

Ein Gedicht aufschreiben

Heinrich Seidel

1. Gestaltet weitere Strophen
des Gedichts von Seite 167 auf diese Weise.

2. Wählt ein passendes Gedicht aus
und schreibt es auch so auf.

→ Das dicke Ei, Seite 141: Rate mal

Ein Gedicht vortragen

November

Heinrich Seidel

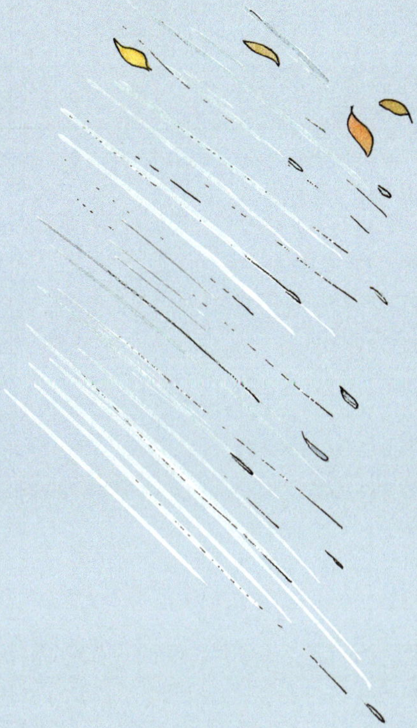

Solchen Monat muss man loben:
keiner kann wie dieser toben,
keiner so verdrießlich sein
und so ohne Sonnenschein!
Keiner so in Wolken maulen,
keiner so mit Sturmwind graulen!
Und wie nass er alles macht!
Ja, es ist 'ne wahre Pracht!

Seht das schöne Schlackerwetter!
Und die armen, welken Blätter,
wie sie tanzen in dem Wind
und so ganz verloren sind!
Wie der Sturm sie jagt und zwirbelt
und sie durcheinander wirbelt
und sie hetzt ohn' Unterlass:
ja, das ist Novemberspaß!

Und die Scheiben, wie sie rinnen!
Und die Wolken, wie sie spinnen ↗
ihren feuchten Himmelstau
ur und ewig, trüb und grau!
Auf dem Dach die Regentropfen:
wie sie pochen, wie sie klopfen!
Schimmernd hängt's an jedem Zweig,
einer dicken Träne gleich.

Oh, wie ist der Mann zu loben,
der solch unvernünft'ges Toben ↗
schon im Voraus hat bedacht
und die Häuser hohl gemacht,
sodass wir im Trocknen hausen
und mit stillvergnügtem Grausen
und in wohlgeborgner Ruh
solchem Gräuel schauen zu.

1. Lies das Gedicht laut vor und betone die unterstrichenen Wörter.

2. Überlege, an welchen Stellen man das Gedicht auch anders betonen könnte.

→ Jahreszeiten, Feste und Feiern, Seite 110, 111: Der Herbst/Nebelspruch/Novembertag

Mit Stimme gestalten

Der Zipferlake

Lewis Carroll

Verdaustig war's, und glasse Wieben
Rotterten gorkicht im Gemank;
Gar elump war der Pluckerwank,
Und die gabben Schweisel frieben.

„Hab Acht vorm Zipferlak, mein Kind!
Sein Maul ist beiß, sein Griff ist bohr!
Vorm Fliegelflagel sieh dich vor,
Dem mampfen Schnatterrind!"

Er zückt' sein scharfgebifftes Schwert,
Den Feind zu futzen ohne Saum,
Und lehnt' sich an den Dudelbaum
Und stand da lang in sich gekehrt,

In sich gekeimt, so stand er hier:
Da kam verschnoff der Zipferlak
Mit Flammenlefze angewackt
Und gurgt' in seiner Gier.

Mit eins! und zwei! und bis aufs Bein!
Die biffe Klinge ritscheropf!
Trennt er vom Hals den toten Kopf,
Und wichernd sprengt er heim.

„Vom Zipferlak hast uns befreit?
Komm an mein Herz, aromer Sohn!
O blumer Tag! O schlusse Fron!"
So kröpfte er vor Freud.

[...]

1 Gestaltet dieses Gedicht mit eurer Stimme.
Ihr könnt es auch spielen und Bilder zu den Strophen malen.

Die Gedichte

auf dem land

Ernst Jandl

rininininininininDER
brüllüllüllüllüllüllüllEN
schweineineineineineineineinE
grunununununununununZEN
hunununununununununDE
bellellellellellellellEN
katatatatatatatatZEN
miauiauiauiauiauiauiauEN
katatatatatatatatER
schnurrurrurrurrurrurrurrurrEN
gänänänänänänänänSE
schnattattattattattattattattERN
ziegiegiegiegiegiegiegiegEN
meckeckeckeckeckeckeckeckERN
bienienienienienienienienEN
summummummummummummummummEN
grillillillillillillillEN
ziririrririririrPEN
fröschöschöschöschöschöschöschE
quakakakakakakakakEN
hummummummummummummummummELN
brummummummummummummummummEN
vögögögögögögögEL
zwitschitschitschitschitschitschitschERN

Wolkenschimmel

Wolfgang Menzel

Ich liege im Grase
und halte die Nase
hinauf in den Himmel.

Dort fliegt ein Schimmel
im schnellen Lauf.
Und ich reite darauf!

Aus Glas

Josef Guggenmos

Manchmal denke ich mir irgendwas.
Und zum Spaß
Denke ich mir jetzt, ich bin aus Glas.

Alle Leute, die da auf der Straße gehen,
Bleiben stehen,
Um einander durch mich anzusehen.

Und die vielen andern Kinder schrein:
Ei wie fein!
Ich, ich will auch durchsichtig sein!

Doch ein Lümmel stößt mich in den Rücken.
Ich fall hin . . .
Klirr, da liege ich in tausend Stücken.

Ach, ich bleibe lieber, wie ich bin!

Nächtlicher Besuch

Paul Maar

Nachts liegst du in deinem Kissen,
fühlst dich einsam und allein?
Hör mal zu, das muss nicht sein,
du musst nur das Mittel wissen:

Halt erst lang den Atem an,
hol tief Luft und flüstre dann:
„Heute wär ich gern zu viert!“
Und warte einfach, was passiert.

Als Erstes kommt ein Bär daher:
„Darf ich ins Bett?“ – „Klar, bitte sehr!“
Als Zweites kommt ein kleines Schwein
und legt sich einfach zwischenrein.
Als Drittes kommt ein Känguru,
legt sich zu euch und deckt sich zu.

Und schon seid ihr viere,
nämlich du und die Tiere.

Theater-Werkstatt

1 Die Kinder haben Standbilder zu dem Buch *Emil und die Detektive* gebaut.
Auf den Seiten 88 und 89 kannst du überprüfen, ob einige davon zu den Filmbildern passen.

Handelnd mit Texten umgehen

→ Bücher, Medien, Seite 88/89: Die Geschichte in den Filmen

Ein Standbild bauen

Standbilder könnt ihr zu Situationen aus Geschichten oder Gedichten bauen. Einige Kinder sind die Bildhauer, die anderen sind die Darsteller des Standbildes, die von den Bildhauern geformt werden. Die Bildhauer überlegen sich, wie sie die Körper der Darsteller so aufstellen können, dass die Situation deutlich wird.

So ein Standbild oder Denkmal können die Zuschauer von allen Seiten betrachten. Sie dürfen es auch verändern, indem sie einzelne Personen verschieben oder die Körperhaltung nach eigenen Ideen zur Situation verändern.

Wenn das Standbild fertig ist, wird es fotografiert. Die Kinder können es dann betrachten und darüber sprechen, wie sie sich als Teil des Standbildes gefühlt haben. Zu den Fotos kann man auch Geschichten oder Gedanken aufschreiben.

Ein Standbild kann auch für kurze Zeit in Bewegung geraten und sich weiterentwickeln. Nach einem vereinbarten Signal erstarrt das Standbild wieder.

Vorübungen zum Standbildbauen

- Bildet Dreiergruppen. Zwei Kinder sind Bildhauer und formen das dritte Kind zu einem bestimmten Begriff wie zum Beispiel „Lehrerin“ oder „Gärtner“. Die anderen Kinder müssen das Standbild erraten.

- Bildet Fünfergruppen und überlegt euch einen Begriff wie Fluggerät, Fantasiemaschine, Bus. Dann stellt ihr den Begriff gemeinsam dar. Die anderen Kinder raten, was gemeint ist.

Gefühle ohne Worte darstellen

Mit dem Gesicht, dem Körper und den Händen kann man Stimmungen und Gefühle sehr gut ohne Worte ausdrücken. Das nennt man Pantomime.
Beim Theaterspielen unterstreichen und verstärken pantomimische Elemente wie Gestik und Mimik die gesprochenen Worte.

Gefühle und Stimmungen raten

- Sammelt gemeinsam Gefühle und Stimmungen und schreibt sie auf Wortkarten. Jedes Kind zieht eine Karte und spielt ohne Worte sein Gefühl vor. Die anderen Kinder müssen es erraten.
- Ihr könnt das Spiel auch umgekehrt spielen: Ein Kind verlässt kurz den Raum. Die anderen Kinder einigen sich auf eine Karte. Das Kind kommt wieder herein und alle anderen spielen ihm das Gefühl so lange vor, bis es das Kind erraten hat.

entnervt

wütend

cool

fröhlich

traurig

Stimmungen darstellen

Ihr sammelt gemeinsam viele Stimmungen, die man gut durch Bewegungen ausdrücken kann. Diese schreibt ihr auf Wortkarten.
Ein Kind ist Spielleiter und bekommt diese Wortkarten. Die anderen Kinder gehen im Kreis herum. Der Kassettenrekorder oder CD-Player spielt Musik. Der Spielleiter stoppt die Musik und liest eine Karte vor. Alle Kinder im Kreis versuchen, die genannte Stimmung durch Bewegung auszudrücken.

auf Wolken schweben

müde sein

stolz sein

→ Ich und die anderen, Seite 60/61: Berechtigte Forderung/Selbsthilfe

Szenen entwickeln

Spiegelbilder

- Es spielen immer zwei Kinder zusammen.
- Das eine Kind macht einige Bewegungen vor.
- Das andere Kind ist das Spiegelbild und versucht, möglichst genau die gesehenen Bewegungen nachzuahmen.
- Anschließend wird getauscht.

Pantomimische Szenen

in der Regenpause

Patienten im Wartezimmer

ein Ballspiel

morgens im vollen Bus

Familie vor dem Fernseher

im Restaurant

- Arbeitet in Gruppen. Wählt euch eine Spielszene aus. Ihr könnt euch natürlich auch eine eigene Szene ausdenken.
- Überlegt, welche Personen ihr für die Szene braucht. Verteilt die Rollen und übt eure Szene ein.
- Spielt sie den anderen Gruppen vor.

Das Vier-Töpfe-Spiel

- Jedes Kind schreibt auf vier Zettel je einen Ort, eine Person, eine Eigenschaft und einen Gegenstand.
- Die Zettel kommen in vier Töpfe.
- Teilt euch in Vierergruppen und zieht aus jedem Topf einen Zettel.
- Denkt euch zu euren Zetteln eine Szene aus und spielt sie den andern vor. Ihr könnt auch dabei sprechen.

Szene mit Requisiten

- Sammelt Dinge wie Hefte, Bücher, Tücher, ...
- Teilt euch in Gruppen und wählt drei Gegenstände aus.
- Erfindet eine Szene mit euren Gegenständen und spielt sie den anderen vor.

Einen Sketch entwickeln

Ein Sketch ist eine kurze Szene mit witzigem Inhalt. Aus dem folgenden Text könnt ihr einen kleinen Sketch entwickeln.

Drei Uralte auf der Parkbank

Personen: Drei alte Männer

Auf der Bühne steht eine Parkbank. Der erste Greis schlurft mühsam herein, keucht und schnauft bei jedem Schritt und stützt sich schwer auf seinen etwas zu kurzen Stock. Er humpelt auf die Bank zu und lässt sich stöhnend nieder. Nachdem er den Stock neben sich an die Bank gelehnt hat, vergräbt er die Hände in den Taschen, bleibt bewegungslos sitzen und starrt vor sich hin.

Ein zweiter uralter Mann humpelt noch mühsamer herein, scheint noch gebrechlicher, bewegt sich langsamer auf die Bank zu als der erste. Erschwert wird seine Fortbewegung durch einen noch kürzeren Stock. Als er sich ächzend hingesetzt hat, fragt der erste: „Läuft auch nicht so recht, wie? Haben Sie etwa auch Ischias?“ „Nein, nein“, antwortet der andere krächzend, „Rheuma.“

Beide versinken in Schweigen und rühren sich nicht.

Da betritt der dritte Uralte die Bühne. Er stützt sich auf ein winziges Stöckchen, sodass er sich tief bücken und zusammenkrümmen muss. Er schleppt sich an den beiden Sitzenden vorbei, ohne sie zu beachten, da er ganz auf seine Fortbewegung konzentriert scheint. Als er schon fast an der Bank vorbeigegangen ist, spricht ihn der zweite an: „Ihr Rheuma muss aber arg sein?“ Der dritte antwortet: „Kein Rheuma!“

Jetzt glaubt der erste richtig zu liegen: „Aha, dann haben Sie Ischias!“ „Kein Ischias!“, lautet die kategorische Antwort. Ratlos fragen die beiden: „Ja, was fehlt ihnen denn dann?“ Der dritte zeigt auf sein Stöckchen und murmelt: „Ein längerer Stock.“

1. Welches Bühnenbild braucht ihr für diesen Sketch? Macht euch eine Skizze.

2. Legt euch eine Liste der notwendigen Requisiten an:
   - eine Bank
   - drei unterschiedlich lange Spazierstöcke
   - . . .

3. Schreibt aus dem Text heraus, was ihr über die drei Männer erfahrt:
   1. Mann: schlurft mühsam, keucht, . . .
   2. Mann: . . .

4. Schreibt in ein Rollenbuch, was die Männer sprechen.

> 1. Mann sitzt auf der Bank, neben ihm lehnt sein Spazierstock. 2. Mann kommt zur Bank und setzt sich neben ihn.
> 1. Mann: Läuft auch nicht so recht, wie? Haben Sie etwa auch Ischias?
> 2. Mann: . . .

→ Bücher, Medien, Seite 82/83: Das verhexte Telefon

Wie ein Theaterstück entsteht

Zuerst einmal braucht ihr eine gute Geschichte.
Die untersucht ihr dann nach verschiedenen Handlungsschritten,
aus denen ihr Spielszenen machen könnt.

Eine neue Szene beginnt immer dann,
wenn sich der Ort der Handlung verändert.
Eine neue Szene beginnt aber auch dann,
wenn neue Personen ins Spiel kommen,
die für den Handlungsablauf der Geschichte wichtig sind.

Ihr wählt aus eurer Geschichte eine Szene aus.
Überlegt euch, welche Personen – manchmal auch noch welche Dinge –
in dieser Szene mitspielen. Das sind die Rollen.

Was tun die Personen?
Was sollen sie sagen?

Einen Teil der Sprechtexte findet ihr meist schon
in der Geschichte als wörtliche Rede.
Die könnt ihr übernehmen, aber auch verändern oder ergänzen.
Wenn zwei Personen miteinander reden, nennt man das Dialog.

Wie etwas gesprochen werden soll, wie sich die Person
dazu genau bewegen soll oder welche Gegenstände
wichtig sind, könnt ihr als Regieanweisungen notieren.

Für die Regieanweisungen ist der Regisseur verantwortlich.
Er hat ein Regiebuch, in dem die Auftritte der einzelnen
Rollen und die Regieanweisungen verzeichnet sind.
Die Rollen werden auf Rollenkarten notiert, sodass
die Spieler wissen, wie sie auftreten sollen und was sie
sagen sollen.

1. Der Text enthält wichtige Fachwörter für das Theaterspiel.
Suche sie heraus und erkläre sie.

2. Auf der folgenden Seite findet ihr ein Märchen,
das sich gut in ein Theaterstück umarbeiten lässt.

→ Bücher, Medien, Seite 91:
Aus einem Drehbuch

Eine Vorlage für ein Theaterstück

Hans im Glück

Nach den Brüdern Grimm

Hans hatte sieben Jahre bei seinem Herrn gedient. Nun sprach er zu ihm: „Herr, meine Zeit ist um. Gebt mir meinen Lohn. Ich will nach Hause zu meiner Mutter.“ Der Herr war zufrieden mit Hans und antwortete: „Du hast mir gut gedient. Als Lohn gebe ich dir diesen Goldklumpen.“ Und er gab Hans einen Goldklumpen – so groß wie sein Kopf – und Hans machte sich auf den Weg.

Hans trug schwer an dem Goldklumpen. Der Weg nach Hause war weit. Unterwegs traf er einen Reiter, der fröhlich auf seinem Pferd daherkam. „Was schwitzt du so?“, fragte er Hans. „Ihr habt gut reden. Ihr sitzt leicht auf Eurem Pferd. Ich dagegen trage den Goldklumpen und bin zu Fuß“, antwortete Hans. „Wenn's weiter nichts ist, so lass uns tauschen. Du bekommst mein Pferd und ich nehme dir dafür den schweren Klumpen ab“, schlug der Reiter vor. Hans war einverstanden und setzte sich glücklich auf das Pferd. Der Reiter ging lachend seiner Wege.

Kaum saß Hans auf dem Pferd, galoppierte dieses los und warf Hans ab. Hans stöhnte, ihm taten alle Knochen weh. Da kam ein Bauer herbei, der eine Kuh vor sich hertrieb, und fragte: „Was stöhnst du so und warum sitzt du neben deinem Pferd?“ „Ach, das ist ein störrischer Gaul, er hat mich abgeworfen“, antwortete Hans unglücklich, „Ihr könnt glücklich sein mit Eurer Kuh, die gibt Milch und läuft gemütlich.“ „Wenn ich dir einen Gefallen tun kann, tausche ich gerne mit dir“, antwortete der Bauer. Und so geschah es.

Hans ging eine Weile mit der Kuh seiner Wege. Dann bekam er Durst und wollte die Kuh melken. Aber so sehr er sich auch bemühte, es gelang ihm nicht. Da kam ein Metzger, der ein Schwein zum Markt treiben wollte, vorbei. Der Metzger gab Hans aus seiner Trinkflasche zu trinken und sagte: „Die Kuh ist alt, die gibt keine Milch mehr. Die taugt nur noch zum Schlachten.“ Hans antwortete traurig: „Ich mag aber kein Kuhfleisch, das ist mir viel zu zäh. Ein Schwein, wie Ihr es habt, wäre mir lieber.“ „Wenn ich dir einen Gefallen tun kann, will ich mit dir tauschen“, schlug der Metzger vor. Hans war einverstanden.

Glücklich zog Hans mit seinem Schwein weiter. Da traf er eine Frau, die eine Gans trug. „Oh, bist du der Schweinedieb, den das ganze Dorf sucht?“, fragte sie. „Nein“, antwortete Hans. „Ich habe das Schwein eingetauscht, aber wie soll mir das jemand glauben?“ „Wenn ich dir einen Gefallen tun kann, tausche ich meine Gans gegen dein Schwein. Dann kannst du ruhig weiterziehen“, schlug die Frau vor und Hans ließ sich freudig auf den Handel ein.

Hans kam in die Nähe eines Dorfes und traf dort einen Scherenschleifer. Der Scherenschleifer war guter Dinge und erklärte Hans: „Als Scherenschleifer geht es dir immer gut. Du brauchst nur ein paar Schleifsteine und hast immer genug Geld in der Tasche.“ Hans war beeindruckt und tauschte seine Gans gegen die Schleifsteine ein. Glücklich zog er weiter.

Doch es war heiß und die Steine waren schwer. Hans war sehr durstig und sehnte sich nach Wasser. Da erblickte er – schon in dem Dorf, in dem seine Mutter lebte – einen Brunnen. Durstig beugte er sich über den Brunnenrand. Da fielen seine Schleifsteine in den Brunnen. „Oh, was für ein Glück ich doch habe. Jetzt ist mir viel leichter“, rief Hans und lief leichtfüßig zum Hause seiner Mutter.

→ Geschichten-Werkstatt, Seite 154/155: Der Kaufmann und der Riese

Von der Geschichte zum Theaterstück

Das Märchen „Hans im Glück“ ist gut geeignet, um als Theaterstück aufgeführt zu werden.

1. Wie viele Szenen hat dieses Theaterstück? Welche Personen spielen in jeder Szene?

2. Legt ein Regiebuch für dieses Stück an.

Spielszene	Personen	Requisiten
1. Szene: Hans und der Meister stehen beieinander	Hans der Meister	ein Goldklumpen
2. Szene:		

3. Legt für jede Person in jeder Szene eine Rollenkarte an. Lest im Märchen nach, wie die Person beschrieben ist und was sie sagt.

Rollenkarte Hans, 1. Szene:

Hans will nach sieben Jahren nach Hause und bittet seinen Meister um seinen Lohn. Er freut sich über den Goldklumpen und verabschiedet sich fröhlich und dankbar von seinem Meister.

Rollenkarte Meister, 1. Szene:

Der Meister ist sehr zufrieden mit Hans. Er gibt ihm einen Goldklumpen als Lohn für seine gute Arbeit und wünscht ihm alles Gute und einen guten Heimweg.

4. Ihr könnt die Tiere auftreten lassen oder als Requisiten darstellen.

5. Probt jede Szene und versucht, die Dialoge in eigenen Worten zu sprechen.

→ Die Welt um uns herum, Seite 68–69: Der Tag, an dem die Tiere verschwanden

Eine Fabel als Schattentheater

Der Riese und die Maus

Martin Auer

— Figuren
— Geräusche
— Auf Folie malen

◇ 1. Bild

Eine Maus wollte unbedingt einen Riesen kennenlernen. „Bist du verrückt?“, sagten die anderen Mäuse. „Riesen sind riesengroß und sehr gefährlich. So ein Riese, der frisst dich nicht einmal, der holt einmal tief Luft und schnupft dich auf!“
„Ach“, sagte die Maus, „ich will aber gern einen Riesen kennenlernen. Vielleicht kann ich ihm einen Dienst erweisen und er wird dann auch vor den kleinen Tieren Achtung haben. Erinnert euch an die Geschichte vom Löwen und der Maus. Der Löwe hat die kleine Maus ausgelacht, aber dann war der Löwe im Netz gefangen und die kleine Maus hat das Netz durchgenagt und den großen Löwen befreit!“
„Das sind alte Geschichten!“, sagten die anderen Mäuse. „Sei du nur vorsichtig!“

Szenisch spielen

→ Geschichten-Werkstatt, Seite 147/148: Fabeln verstehen/Fabeln erraten

◇ 2. Bild

Aber die Maus hörte nicht auf sie, sondern machte sich auf den Weg. Sie suchte lange und wirklich fand sie eines Tages das Haus von einem Riesen. Die Maus kletterte zu dem Riesen auf den Tisch und sagte mit ihrer kleinen Piepsstimme: „Hallo, Riese, da bin ich. Kann ich irgendetwas für dich tun?"
„O ja", sagte der Riese, „du kannst mir einen großen Gefallen tun, wenn du meinen Käse, meinen Speck und meine Würste in Ruhe lässt. Am besten gehst du überhaupt aus meinem Haus fort!"
„Sei doch nicht so überheblich!", sagte die Maus. „Auch kleine Tiere können große Taten vollbringen."
„So, welche denn?", fragte der Riese.
„Wenn dich zum Beispiel jemand mit einem großen Netz fangen würde, dann könnte ich das Netz durchnagen und dich befreien!"
Der Riese musste schrecklich lachen. „Da kannst du aber lange warten, bis mich jemand mit einem Netz fängt! Wer sollte das denn tun? Ich bin doch ein Riese! Also, husch, husch, kleine Maus, verschwinde hier, sonst verschlucke ich dich noch irrtümlich!"

3. Bild

Die Maus aber lief in den Keller und baute sich ein Mauseloch und wartete auf eine Gelegenheit, dem Riesen das Leben zu retten. Inzwischen knabberte sie dem Riesen den Käse, den Speck und die Würste an, denn wovon sollte sie denn leben?
Der Riese fluchte erbärmlich, wenn er den angenagten Käse sah, aber die Maus dachte: Warte nur, eines Tages rette ich dir das Leben und dann werden wir doch Freunde werden!

4. Bild

Als es Sommer wurde, holte der Riese seine Hängematte aus dem Schrank und hängte sie zwischen zwei gewaltigen Eichen auf. Dann legte er sich hinein und hielt ein Schläfchen.
Die Maus kam an diesem Tag erst spät aus ihrem Mauseloch und als sie den Riesen in der Hängematte sah, dachte sie: Jetzt ist es passiert, jetzt hat er sich in einem Netz gefangen! Jetzt kann ich ihn befreien und dann werden wir Freunde sein.
Sofort kletterte sie an der einen Eiche in die Höhe, balancierte auf dem Strick, der die Hängematte festhielt, und begann zu nagen. Als sie den Strick halb durch hatte, riss er ab und der Riese krachte auf den Boden und holte sich eine riesige Beule am Hinterkopf.
Und so ist aus der Freundschaft zwischen dem Riesen und der Maus leider nichts geworden.

Die lange Geschichte

Am Ende des Lesebuches wollen wir euch wieder eine etwas längere Geschichte vorstellen. Es handelt sich dabei um eine Sage, und zwar *Die Weiber von Weinsberg*.
Sagen gehören, wie auch Märchen, zu den ältesten Geschichten überhaupt. Sagen erzählte man sich früher in allen Ländern und Sprachen. In den Sagen steht etwas, was wirklich einmal geschehen sein soll. Ob aber alles tatsächlich stimmt, was in ihnen steht, weiß man heute nicht mehr. Immerhin, passiert könnte es schon sein, was sich die Weiber von Weinsberg damals ausgedacht haben!
Am besten ist, ihr lest die Sage halblaut vor euch hin. Dann hört ihr eure eigene Stimme und versteht den Text auch besser. Einige Kinder, die schon gut lesen können, könnten einzelne Absätze auch zu Hause so vorbereiten, dass sie sie den anderen vorlesen können. Es macht Spaß, wenn ihr etwas vorlest – und die anderen euch dabei gespannt zuhören!
Vor allem möchten wir euch aber dazu anregen, auch noch andere Sagen zu lesen. Manche sind etwas gruselig, manche gehen gut und manche böse aus. Aber spannend zu lesen sind sie alle!

Die Weiber von Weinsberg

Nach einer alten schwäbischen Sage

Über Weinsberg bei Heilbronn im Schwabenland lag einst eine schöne, große Burg. Es ist schon fast 900 Jahre her, als im Jahre 1140 Kaiser Konrad der Dritte am 21. Dezember die Stadt Weinsberg eroberte. Dann belagerte er die Burg, die auf einem Berg über Weinsberg lag, um die Krieger, die sich dorthin zurückgezogen hatten, auszuhungern und dazu zu zwingen, die Burg aufzugeben und herauszukommen. Das taten sie aber nicht. Die Burg gehörte nämlich ihrem Herrn, dem Herzog Welf von Bayern. Der kam nun, um seine Burg und seine Männer vor dem Angriff zu retten, mit seinen

Rittern in kürzester Zeit nach Weinsberg geritten. Dort wurde er jedoch von der großen Übermacht Konrads geschlagen und musste seine Burg aufgeben. Daraufhin verlangte Konrad von den Menschen in der Burg, das Tor zu öffnen und ihm die Burg zu übergeben. Er drohte allen, die in ihr lebten, den Tod an. Die Leute in der Burg wussten nicht ein noch aus. Das Wasser und das Brot in der Burg wurden knapp, die Menschen hatten bald nichts mehr zu essen und zu trinken. Es gab ein großes Jammern und Klagen. Eine Zeit lang hielten sie es noch aus, aber lange würden sie vor Hunger und Durst nicht mehr durchhalten können. Große Angst breitete sich aus und man dachte darüber nach, wie man einen Ausweg aus der Not finden könnte. Aber man fand keinen.

Da hatte eine junge Frau, die gerade erst geheiratet hatte, einen klugen Einfall. Sie verriet ihn aber nur ihren Freundinnen. Eines Nachts machten sich nun einige der schönsten Frauen der Burg heimlich auf den Weg. Sie gingen leise durch einen verborgenen Gang hinunter zu Kaiser Konrad, mitten durch das Heer der Soldaten. Sie wollten den Kaiser um die Gnade bitten, dass er doch allen Burgbewohnern die Freiheit schenken sollte.

Kaiser Konrad war sehr überrascht über den Mut der Frauen, die bei ihm vorsprachen, und hörte sich ihre Bitten an. Da wurde ihm das Herz weich, und er hatte Mitleid mit den Frauen. Ihren kriegerischen Männern in der Burg wollte er aber die Freiheit nicht geben, weil er fürchtete, sie würden bald wieder einen Krieg gegen ihn anzetteln. Er sagte also zu den Frauen: „Ich will euch und euren Kindern freien Abzug aus der Burg gewähren. Ihr dürft alles, was euch lieb und teuer ist, mitnehmen, so viel ihr auf euren Schultern hinaustragen könnt. Darauf gebe ich euch mein Wort. Alles andere aber bleibt in der Burg!“

Die Frauen kehrten noch in derselben Nacht auf die Burg zurück, wo sie von den anderen schon sehnsüchtig erwartet wurden. Dort teilten sie allen mit, was ihnen der Kaiser versprochen hatte.
Lange beratschlagten die Frauen, was sie alles mitnehmen sollten. Die einen dachten an ihr kostbares Geschirr, die anderen an ihren

silbernen Schmuck und einige sogar an ihre Katzen und Hunde, die sie nicht zurücklassen wollten. Doch die klugen Frauen, die bei dem Kaiser gewesen waren, sagten zu den anderen Frauen: „Packt doch kein unnützes Zeug ein! Es ist doch klar, was wir mitnehmen!“ Da packten alle Frauen in Körbe und Säcke ein, was ihnen wirklich am liebsten und teuersten war.

Am nächsten Morgen sahen die kaiserlichen Truppen, wie sich das Burgtor öffnete und sich ein seltsamer, langer Zug von Menschen langsam und schwerfällig den steilen Burgberg hinunter in die Stadt bewegte, wo die Truppen lagerten. Es waren die Frauen und Kinder von Weinsberg, und alle Frauen schleppten mit sich, was sie in ihren Armen und auf ihren Schultern tragen konnten.

Als aber der Zug näher kam, sahen die Krieger etwas Merkwürdiges: Aus den Säcken und Körben, die die Frauen auf ihren Rücken schleppten, guckten die Köpfe ihrer Männer hervor. Alle Frauen hatten nämlich ihre Männer eingepackt, denn die waren es, die ihnen am liebsten und teuersten waren. Alles sonstige Hab und Gut, alles Silber und Geschirr hatten sie oben in der Burg zurückgelassen.

Als der merkwürdige Zug der Frauen auf dem steinigen Weg an dem Neffen des Kaisers, dem jungen Herzog Friedrich, vorüberzog, stellte er sich den Frauen in den Weg und wollte sie nicht vorbeilassen. „So war das nicht gemeint!“, rief er den Frauen entgegen. „Die Männer dürfen die Burg nicht verlassen!“ Und auch die Ritter stellten sich dem Zug mit ihren Speeren entgegen und wollten ihn aufhalten.

Da kam Kaiser Konrad und sah den Zug der Frauen. Als er die Männer erblickte, die aus den Körben und Säcken herausguckten, erinnerte er sich daran, was er den Frauen versprochen hatte, und musste über die List der Frauen lachen. „Lasst sie durch!“, rief er seinen Männern zu. „Ich habe ihnen versprochen, dass sie mitnehmen dürfen, was ihnen das Liebste und Teuerste ist. Und das haben sie getan. Was aber ein Kaiser versprochen hat, muss er halten. An eines Kaisers Wort soll man nicht drehen und deuteln." Das sagte er aber auch, weil er die Frauen bewunderte, die so treu zu ihren Männern standen.

Es wird berichtet, dass Kaiser Konrad zu Ehren der Frauen von Weinsberg noch am selben Tag ein großes Fest gab, auf dem er mit ihnen tanzte und feierte, ob sie nun eine vornehme Frau oder eine einfache Haushälterin war.
In einer Ballade, die später geschrieben wurde, heißt es von Konrad:

Er hielt an dem Versprechen fest.
Den Frauen zu gefallen,
Gab er sogleich ein großes Fest
Und hat getanzt mit allen:
Wie mit der Bürgermeisterin
So mit der Besenbinderin.

Die Ballade *Die Weiber von Weinsberg* liest man noch heute immer wieder gern. Sie beginnt mit den Versen:

Wer sagt mir an, wo Weinsberg liegt?
Soll sein ein wackres Städtchen,
Soll haben, fromm und klug, gewiegt,
Viel Weiberchen und Mädchen ...

Und gemeint ist damit, dass Weinsberg ein tapferes Städtchen ist und dass die Mädchen und Frauen darin sehr schlau und ein bisschen listig sind. Die Burgruine kann man noch heute über der Stadt Weinsberg liegen sehen. Sie wird, weil die Frauen so treu zu ihren Männern gestanden haben, seitdem „Weibertreu" genannt.

Verzeichnis der Autorinnen und Autoren

Krause-Gebauer, Erika
Ich träume mir ein Land 165
Aus: Hans-Joachim Gelberg (Hg.). Überall und neben dir. Gedichte für Kinder. Weinheim und Basel: Beltz 1989.

Künzler-Behncke, Rosemarie
Wer will schon ein Zwilling sein? 56
Aus: Rosemarie Künzler-Behncke. Wer will schon ein Zwilling sein? Wien: Ueberreuter Verlag 1955. Seite 42–44.

Nach LaFontaine
Das Zicklein und der Wolf 149
Die Taube und die Ameise 151
Nacherzählt von Ursula Schwarz.

Lehmann, Herbert
Von seltsamen Tieren 142
Aus: Herbert Lehmann. Ali Baba trank nur Kaba. Würzburg: Arena 1983. S. 86.

Lichius, Josef
Der Sommer schlägt die Federbälle . . 105
Aus: Gerhard Rademacher/Hermann Wacker (Hg.). Blätter für meinen Kalender. Hannover: Schroedel 1979.

Maar, Paul
Das Monster vom fremden Stern 144
Nächtlicher Besuch 169
Aus: Paul Maar. Dann wird es wohl das Nashorn sein. Weinheim und Basel: Beltz 1988. Programm Beltz & Gelberg, Weinheim.

Menzel, Wolfgang
Ein Luftballon 162
Gewitter im Gebirge 76
Vielerlei Arten von Streit 23
Muttertags-Rap 105
Wolkenschimmel 163, 169
Originalbeiträge.

Mertens, Angela
Von Kaninchen, Katzen und anderen Tieren 14
Originalbeitrag.

Morgenstern, Christian
Novembertag 111
Aus: Christian Morgenstern. Gesammelte Werke in einem Band. Piper, München, Zürich 2003.

Morpurgo, Michael
Bun 58
Aus: Michael Morpurgo. Das schlafende Schwert. König Artus, Excalibur und ich. Hamburg: Cecilie Dressler Verlag.

Müller, Walter
Das Dreieck 139
Aus: Hans Gärtner (Hg.). Ich lach mir einen Ast. Spaßgeschichten und Sprachspinnereien. Wien, München: Betz 1995. S. 107.

Nöstlinger, Christine
Berechtigte Forderung 60
Aus: Christine Nöstlinger. Mein Gegenteil. Weinheim und Basel: Beltz & Gelberg 1996.
Selbsthilfe 61
Aus: Christine Nöstlinger, Jutta Bauer. Ein und Alles. Weinheim und Basel: Beltz & Gelberg 1992.

Preußler, Ottfried
Kirchweih in Groß-Goschenshausen . . 156
Aus: Leppmann/Schmitthenner (Hg.). Die schönsten Gutenachtgeschichten. Berlin: Ullstein 1968.

Raith, Sabine
Fluss 158
Originalbeitrag.

Rauprich, Nina
Die sanften Riesen der Meere 42
© 2003 Deutscher Taschenbuch Verlag GmbH & Co. KG, München.

Rhenius, Barbara
Buchstaben-Gedicht 10
Der Einkaufszettel 20
In dem Walde 12
Lena traut sich was 20
Schwierigkeiten bei der Namenfindung 10
Streit in der Zeichenstunde 15, 16
Originalbeiträge.

Schiller, Friedrich von
Die vier Brüder 98
Aus: H. Oswalt. Der Pegasus. Klassisches Bilderbuch für die deutsche Jugend. Reprints aus dem Georg Bitter Verlag. Recklinghausen: Georg Bitter 1993.

Schön, Helga
Schutz der Wale 37
Originalbeitrag.

Unbekannte und ungenannte Autorinnen und Autoren

Bildquellenverzeichnis

S. 21: Foto: © Silvestris.
S. 22: Don't worry be happy © James Rizzi, www.james-rizzi.com. James Rizzi wird verlegt von Art28 – www.art28.com.
S. 27, 29: Anja Tuckermann. Mutgeschichten. Illustrationen von Dorothea Tust. © 2008 by Ravensburger Buchverlag Otto Maier GmbH, Ravensburg.
S. 31: Foto: © Cristobal Corral. Aus: Geolino 10/03. Gruner + Jahr AG & Co KG, Hamburg.
S. 36: Hundertwasser 777C SAVE THE WHALES, Originalposter, 1982. © Hundertwasser Archiv, Wien.
S. 37: Foto: Kevin Schafer/Alamy
S. 38, 39: Tabelle Tauchdauer/Tauchtiefe. Aus: Die Welt der Wale. Der Katalog zur Greenpeace Ausstellung. Greenpeace Umweltschutzverlag GmbH, Hamburg, in Zusammenarbeit mit der Woite, Bauch & Partner GmbH, Berlin. 1994–1997. © 1995 Woite, Bauch & Partner Veranstaltungs- und Kommunikationsservice GmbH, Berlin.
S. 40: „Das Wale-Kinder-Buch" von Cynthia D'Vincent. © 1991 NordSüd Verlag AG, Zürich/Schweiz.
S. 42: Nina Rauprich, Die sanften Riesen der Meere, © für die Coverillustration von Irmtraut Teltau: 1991 Deutscher Taschenbuch Verlag, München
S. 45: Sigrid Heuck. Der Elefantenjunge. © 2002 by K. Thienemanns Verlag in Stuttgart, Wien. Gesamtausstattung: Tilman Michalski.
S. 49: Foto: Wilhelma. Zoologisch-botanischer Garten, Stuttgart. Dr. Wolfgang Rietschel.
S. 50 Hansi Linthaler. Aus: Martin Auer. Was niemand wissen kann. Weinheim und Basel: Beltz & Gelberg 1986. S. 54.
S. 51: Cover: Renate Welsh. Sonst bist du dran. Arena Verlag GmbH, Würzburg.
S. 58: Michael Morpurgo. Das schlafende Schwert. König Artus, Excalibur und ich. Arena Verlag GmbH, Würzburg 2006.
S. 60: Illustration: Nikolaus Heidelbach. Aus: Christine Nöstlinger. Mein Gegenteil. © 1996 Beltz & Gelberg in der Verlagsgruppe Beltz, Weinheim & Basel.
S. 64: Mit freundlicher Genehmigung der Gemeinde Eching im Landkreis Freising/ Oberbayern.
S. 66, 67: Der Kindergipfel. www.kindergipfel.de. Kinder- und Jugendwerk der Naturfreunde – Verein zur Förderung der Naturfreundejugend Deutschlands e. V., Remagen. – natur + kosmos. © 2005 by natur media GmbH, Leinfelden-Echterding.
S. 72: © dpa picture-alliance
S. 74, 75: SWR www.kindernetz.de, Autorinnen: Diana Stier, Frederike Wilhelmi.
S. 80: Erich Kästner. Das Schwein beim Friseur. © Atrium Verlag AG, Zürich 1962. Titelbild von Walter Trier. – Erich Kästner. Münchhausen. © Atrium Verlag, Zürich 2001. – Erich Kästner. Das doppelte Lottchen. © by Atrium Verlag AG, Zürich. Titelbild von Walter Trier. – Erich Kästner. Emil und die Detektive. Cecilie Dressler Verlag, Hamburg 2001. © Atrium Verlag AG, Zürich 1935. © der Filmbilder: Bavaria Film/Lunaris Film. Fotos von Rolf von der Heydt. – Erich Kästner. Gullivers Reisen. Illustrationen von Horst Lemke. Cecilie Dressler Verlag, Hamburg 2007 – Erich Kästner. Don Quichotte. Illustrationen von Horst Lemke. Cecilie Dressler Verlag, Hamburg 2007 – Erich Kästner. Till Eulenspiegel. © Atrium Verlag AG, Zürich 1938. Titelbild von Walter Trier. – Erich Kästner. Das fliegende Klassenzimmer. © Atrium Verlag AG, Zürich 1935. Titelbild von Walter Trier. – Erich Kästner. Die Konferenz der Tiere. © Atrium Verlag, Zürich 1990. Titelbild von Walter Trier.
S. 81: Mit freundlicher Genehmigung von www.stuttgart.de/stadtbuecherei. Cover: Erich Kästner. Als ich ein kleiner Junge war. Cecilie Dressler Verlag, Hamburg.
S. 82, 83: Erich Kästner. Das verhexte Telefon. © Atrium Verlag, Zürich 2000. Titelbild und Illustration von Walter Trier.
S. 84, 87: Erich Kästner. Emil und die Detektive. Cecilie Dressler Verlag, Hamburg 2001. © Atrium Verlag AG, Zürich 1935. Illustrationen von Walter Trier. © der Filmbilder: Bavaria Film/Lunaris Film. Fotos von Rolf von der Heydt.
S. 88: Fotos oben/Mitte: © Bavaria Film/ Lunaris Film. Fotos von Rolf von der Heydt. – Foto unten: MFA + Film Distribution, Regensburg.
S. 89: Fotos oben/unten: MFA + Film Distribution, Regensburg. – Foto Mitte: © Bavaria Film/Lunaris Film. Foto von Rolf von der Heydt.
S. 90 Erich Kästner. Emil und die Detektive. Universum Film GmbH & Co. KG, München. – Filmplakat: Cinetext, Frankfurt.
S. 92: Fotos: Archiv.
S. 93: Fotos: Deutsches Zweirad- und NSU-Museum Neckarsulm.
S. 94: Foto: Gero Breloer. © picture-alliance/dpa/dpaweb (Tour de France 2004, 17. Etappe).
S. 95: Karte: Tegra.
S. 100: Narr mit Hahnenkamm. Dietz-Rüdiger Moser, Wien.
S. 100: Foto: Bernd Müller, Rottweil.
S. 101: Foto: Lisa Bahnmüller.
S. 103: Foto: Privat.
S. 107: © Annette Schauer.
S. 120: Willi Fährmann. Siegfried von Xanten. Reihengestaltung: Karl Müller-Bussdorf. Illustration: Tilmann Michalski © 1994 by Arena Verlag GmbH, Würzburg.
S. 122: Hecken-Irrgarten: Sommerkarton Hall bei Lowestoft, England, Suffolk, 1846 Künstler: William Nesfield. Aus: Jürgen Hohmut. Labyrinthe & Irrgärten: Geosaison. © 2003 Frederking & Thaler Verlag GmbH, München. Foto: Jürgen Hohmut.
S. 123/124: Erne Thomas/Wensell Ulises: David und Goliat. Aus: Ulises Wensell, DIE GROSSE RAVENSBURGER KINDERBIBEL. Erzählt von Thomas Erne. © Text: Marie-Hélène Delval. © 1995 by Ravensburger Buchverlag Otto Maier GmbH, Ravensburg.
S. 128: akg-images.
S. 129: Karte: Dr. Peter Güttler, Berlin. Foto: picture-alliance/ZB-Fotoreport. Stefan Sauer.
S. 130: Geldmuseum der Deutschen Bundesbank, Frankfurt am Main.
S. 136: Karin Gündisch. Im Land der Schokolade und Bananen. Zwei Kinder kommen in ein fremdes Land. © 1987 Beltz & Gelberg in der Verlagsgruppe Beltz, Weinheim & Basel. Bilder von Peter Knorr.
S. 166: Privat.
S. 170: Fotos: Klaus G. Kohn.

Kleeblatt

Das Lesebuch 4

Herausgegeben von
Wolfgang Menzel

Für Bayern bearbeitet von
Marion Handschu
Petra Pastor
Monika Prim
Kerstin Rehm

Druck A [1] / Jahr 2009

Alle Drucke der Serie A sind im Unterricht parallel verwendbar.

Redaktion:	Sarah Meier
Gesamtlay-out:	Wladimir Perlin
Illustration:	Maren Briswalter Angelika Çıtak Miriam Cordes Hans-Günther Döring Michael Schober
Herstellung:	Gundula Wanjek-Binder, Hannover
Umschlaggestaltung:	Magdalene Krumbeck mit einer Zeichnung von Michael Schober
Satz und Repro:	UMP Utesch Media Processing GmbH, Hamburg
Druck und Bindung:	westermann druck GmbH, Braunschweig

ISBN 978-3-507-**40844**-9